JN299802

英語授業の
心・技・体

静 哲人 著

研究社

はしがき

　本書は英語教師およびその志望者を対象とした、授業道の指南書である。
　担当する生徒・学生に授業を通じて「力」をつけるために基本となる考え方（心）、授業でのテクニック（技）、そしてそのために教師として必要な英語力（体）を伝授しようとするものだ。本書で論ずる心・技・体をきちんと会得すれば、読者が担当する生徒たちは必ずや幸せになり、その結果、教師である読者もきっと幸せを感じられるだろう。
　筆者は教歴約 25 年の英語教師である。10 年前に大学に移る前は、中学・高校・高専のいわゆる secondary students（中等教育段階の生徒たち）を 15 年間教えていた。その間の実践をまとめたのが 1999 年に出版していただいた『英語授業の大技・小技』（研究社）である。
　幸い『大技・小技』は多くの方々に読んでいただき、「役に立った」「目から鱗が落ちた」という声を多く戴くことができた。『大技・小技』に共感して下さった読者なら、きっと本書にも満足して下さるだろう。
　『大技・小技』以後、大学では主としていわゆる一般教養の英語（全学共通科目の英語）を担当し、そのかたわらここ 3 年間は併設の中学校でも週に 1 回授業を担当してきている。つまり筆者はこの 25 年間、校種は変わっても一貫して「現場」英語教師を続けてきたと認識しているし、それはこれからも変えるつもりはない。
　この四半世紀、筆者は自分としては当たり前と思う考え方に基づいて、当たり前と思う方法を追求してきた。しかしどうやら筆者の「当たり前」は多くの英語教師には「当たり前」ではないようなのである。それをはっきりと悟った 5 年ほど前、半分以上の本気と多少の遊び心を込めて「靜流英語授業道、家元」を名乗り始めた。つまり本書はあくまで「靜流英語授業道の指南書」であって、「一般にはこう言われている」「識者はこう言っている」式の impersonal な英語科教育の本ではない。
　一般的ではないかも知れないが、冒頭に述べたように、靜流をきちんと

会得して実践すれば、教師も生徒も幸せになる英語授業が展開できる、と筆者は考えている。英語授業に関しての「幸せ」とは、教師にも生徒にも共通のものだ。生徒が幸せなら教師も幸せだし、逆に教師が幸せなのは生徒も幸せな証拠である。どのような時に双方が幸せであるかと言えば、教師の展開する授業の中で生徒が目を輝かせて努力した結果として、生徒の英語力が向上し、双方が達成感を味わう時である。生徒はそれまでできなかったことができるようになったという実感に喜び、教師のほうはそういう喜びを自分の生徒に味わわせてやることができたというプロとしての充実感に至福を得る。

　現在の筆者は、中学でも大学でも授業が終わると毎回、(その時々で細かな段取り上の反省点はあるものの、基本的には)「ああ今日もいい授業ができた!」「目を輝かせて頑張らせることができた!」という満足感でいっぱいになり、これほど楽しい営みを生業にできている幸せに感謝する。

　ところが若い英語教師と話してみると、そういう幸せな毎日を送れている人はどうも少数派のようなのである。やりようによってはこれほど楽しく充足感の得られる職業に就きながら、なんともったいない!

　年齢的に中堅の域も超えてしまった現在、後に続く若い教師になんとか自分の心・技・体を伝えておきたい、という思いが強い。本書の内容を実践して、読者にも是非、幸せになっていただければと思う。それがまた筆者の幸せである。

　筆者の著作を『カタカナでやさしくできるリスニング』から一貫して担当して下さっている研究社編集部の杉本義則氏には今回もまた大変お世話になった。内容面に関しては、関西大学で筆者の英語授業を受けた総合情報・商・経済学部の学生諸君、「英語科教育法」を履修した文学部の学生諸君に感謝したい。また大学院外国語教育学研究科の院生諸君との授業内外でのインタラクションからひらめいたものも大きい。特に「外国語教授方法論」は毎年多くのことを考えさせてくれる貴重な道場である。さらに関西大学第一中学校の「総合英語」を選択受講してくれた中学3年生諸君の、ひたむきで明るい頑張りに感謝したい。彼らの笑顔と眼の輝きが筆者の信念を確信に変えてくれる。そしてゼミ生の大久保知香、神原正弥の両君はすてきなイラストを描いてくれた。著者紹介ページの似顔絵は、やはりゼ

ミ生の箕嶋桜子君が彫ってくれた提出物用検印の印影である。みんな、ありがとう。最後に、いつも英語授業のことしか頭にないノーテンキな夫を支え続けてくれる妻・寿美子に、この場を借りて心より感謝の念を表したい。

　天国にいる我が恩師、若林俊輔先生が本書を読んだ時、「う〜ん、まあ悪くないんじゃない」と言って下さるかどうかだけが、今は気がかりである。

　2009 年 4 月

靜　哲　人

目　次

はしがき iii

第1章　音声指導に臨む心

1. きっかけ 1
   (1)　ABC が言えない大学生 1
   (2)　シー・アーチン事件 2
   (3)　再び中学生を教える 3
   (4)　「LとRなんて」事件 5
2. 英語教師の4タイプ 6
   (1)　タイプ BB 7
   (2)　タイプ AB 7
   (3)　タイプ BA 9
   (4)　タイプ AA 10
3. 音声指導に関する8つの誤り 10
   (1)　日本人英語で十分だ 10
   (2)　文脈があるじゃないか 12
   (3)　流暢さが大切だ 14
   (4)　発音は細かいこと 19
   (5)　他にやることがある 21
   (6)　発音指導は母語話者でないと 24
   (7)　発音より内容だ 26
   (8)　発音矯正は英語嫌いを作る 27

第2章　音声指導の大技・小技

1. can do と will do 30

2. English あいうえおエクササイズ 31
　　3. English 五七五エクササイズ 32
　　4. English 三三七拍子エクササイズ 34
　　5. 言い分け・聞き分けエクササイズ 35
　　6. ポンポン・メソッド (PPM) 37
　　7. そんなの関係ねぇ！メソッド (SKNM) 43
　　8. will do まで持ってゆくには 48
　　9. いつでも音声指導 49
　　10. 音声訓練としての歌 51

第3章　英語授業の3形態

　　1. 一対多の一斉形態 54
　　2. 同時多発言のペア形態 56
　　3. 一対一のグルグル形態 57
　　　　関大一中での実践 58
　　4. 3形態の長所と短所 62
　　　　(1) 情報伝達 62
　　　　(2) モデルの提示 63
　　　　(3) 生徒の発話量 63
　　　　(4) 生徒コントロール 63
　　　　(5) 授業の雰囲気 64
　　　　誤りの訂正について 65
　　　　(6) 発音面のフィードバック 68
　　　　(7) 語彙・文法面のフィードバック 68
　　　　(8) 評価のしやすさ 68
　　　　(9) 生徒のやる気を引き出す 69

第4章　一斉授業の心・技・体

　　1. 予習で和訳などさせるな 71
　　2. 訳は先に渡せ 73

目次

- 3. 英文和訳と入試 74
- 4. 教室の全体を見よ 76
- 5. 突っ伏しを許すな 79
- 6. 私語にかぶせて話すな 80
- 7. 関係ない作業を許すな 81
- 8. 常に生徒に向かって話せ 82
- 9. 耳を澄まし目をこらせ 83
- 10. きちんとした発音で話せ 85
    - 教師の英語は商品 85
    - 発音は白か黒か 86
    - 自分の声を録音してみよう 87
    - (1) 初級編 88
    - (2) 上級編 90
        - 1) "n" は「ん」と違う 90
            - 日本語の「ん」 90
            - よくある誤り 91
            - 英語母語話者の日本語発音から学ぶ 92
            - 導入初期から 92
            - アンナでなくアナ 93
            - 英語史に学ぶ 93
            - 注意すべきフレーズ 94
            - 「彼(女)は○○歳」トレーニング 95
            - 三三七拍子トレーニング 96
            - 数を使った三三七拍子トレーニング 96
            - 日本語から英語に変〜身！ 97
        - 2) 「ヂ」は「ジ」と違う 99
            - 破擦音と摩擦音 99
            - 無声音の場合 99
            - 有声音の場合 100
            - 無声音から入る 100
            - 英語における問題 101

11. 発表をむやみに褒めるな 103
12. 英語は肝心な部分に使え 104
13. 一斉形態をなるべく減らせ 106

第5章　ペア授業の心・技・体

ペアと一対多のサンドイッチ構造 109
 (1)　プリ・ペアワーク 110
 (2)　ワイル・ペアワーク 111
 (3)　ポスト・ペアワーク 112
1. 語彙と訳語のマッチング 113
2. 語彙と定義のマッチング 119
3. 語彙と例文のマッチング 124
4. 英語チャンクの再生 129
5. 日英対訳の活用 145
6. 不完全英文の活用 151
7. TF の活用 158
8. QA の活用 165
9. EIYOW の利用 172
10. 意見を言い合う 175

第6章　グルグル授業の心・技・体

1. 立たせなくてはダメ 177
2. どうテストするか 179
3. テスト用紙を配らなくてはダメ 179
4. テストの個人化機能 181
5. 判定する際の留意点 182
6. クラスサイズの制限はあるか 183
7. 速い生徒と遅い生徒の調整 184
8. グルグルカードの実例 187
9. グルグル授業参加生徒の声 196

第7章 結 論

 1. 発音指導と達成感 198
 2. 自己表現と教師の英語力 199

靜流英語授業道　心・技・体　十五戒 202
生徒・学生の声 204

靜流 英語教師実力テスト１：生徒に求める予習 71
靜流 英語教師実力テスト２：訳先渡しに対する態度 73
靜流 英語教師実力テスト３：一斉音読時の教師の態度 83
靜流 英語教師実力テスト４：授業時間内での生徒の発話時間 106

第 1 章 音声指導に臨む心

1. きっかけ

(1) ABC が言えない大学生

　私は大学の英語教員である。毎年新入生の授業を担当しているが、その中で痛感することは、英語の発音の基本の「き」すらできていない学生があまりに多い、ということだ。ABC の C を「シー」、three を「スリー」、Thank you. を「サンキュー」とカタカナ的に発音して平気な顔をしている者が残念ながら大多数である。

　これはすなわち、意地悪な言い方をすれば、中学・高校と少なくとも 6 年間英語を学習してきているにもかかわらず、(1) アルファベットのたった 3 つ目の文字（＝C）も、(2) 3 つ目の数（＝three）も、そして (3) 人と人とのコミュニケーションにおいて最も基本的な感謝の表現（＝Thank you.）もまともに言うことができない、ということである。言語学習のあり方として何かが根本的に間違っていると感じざるを得ない。

　言語は物理的には音声の連続である。その音声を作り出す動作がすなわち発音である。よって言語は発音によって作り出されていると言ってもよい。ある言語の最も基礎的な語句や表現さえもきちんと音声化できないのでは、その言語を学習したことにならぬ。

　毎年、そういう大学生の発音を徹底的に鍛えている。そんな私の授業を 1 年受けた彼らの感想は、「正しい発音の仕方を初めて習って目から鱗が落

ちました」「こんな授業がもっと前から受けられたら、と思いました」というものが典型的である。学生に言われるまでもなく、このような基礎的な発音習慣をきちんと形成するのには入門期が最も適している。

　やっぱり鉄は熱いうちに打ってやりたいなあ、というわけで、20数年前までは立っていた中学校の教壇（教員としてのスタートは中高一貫校だったのである）にできるならば何らかの形でもう一度立ち、英語とのファースト・コンタクト・ポイントにいる子どもたちに是非この手できちんと本物の英語発音を仕込んでやりたい、という気持ちが2005年頃から強くなっていた。が、それが漠然と思っているというレベルを超えて、実際に中学の教壇に立とうというアクションを起こす引き金になったのは、ある「事件」だった。

(2)　シー・アーチン事件

　その事件が起こったのは、「外国語教授方法論」という大学院講義科目を受講していたS君が中学に教育実習に行った先での公開授業である。私は大学側の公式の担当者でも何でもなかったが、S君が個人的に見に来て欲しいというので出かけて行ったのである。授業の展開や詳しい内容はもう覚えていないが、活発にcriss-cross（縦列・横列ごとに立ち、質問に答えられた者から座ってゆくゲーム）などの活動をやっていたと思う。活発なのはいいのだが、授業が始まってまず気がついたのが生徒の発音のひどさである。criss-crossでの応答もほとんどすべてカタカナ発音。andを「アンドオ...」というおなじみのやつである。

　しかし、放っておけば日本人が日本語の音声で英単語を発音するのは当たり前なので、特に驚くには当たらない。驚愕し次にいたたまれなくなったのは、そのひどい発音の応答を聞きながら、その発音について何もコメントせず、あろうことか"Good!"などと言って流してゆく我が教え子S君の態度だった。そのうち、S君自身が、sea urchinという語を、「スィー」でなく「シー」と発音して何度も生徒にリピートさせ始めた瞬間、私の中で何かが終わった。いや、むしろ始まったのかも知れない。

　S君がそれまで受講していた私の「外国語教授方法論」では、「英語の授業はトレーニングである。トレーニング前と後では何かが変化していなけ

れば意味がない。音読させるなら音読の前後で生徒の英語の質が変化しなければ意味がない」ということを何度も言葉を尽くして伝えていたつもりだった。それが．．．。

　しかし考えてみれば、あのような教室の状態はひとりS君の責任ではない。S君はその時だけ教育実習に行ったのに過ぎないのであって、あの生徒の状態は普段から授業を担当している実習校の指導教員の責任である。生徒がbrotherを「ブラザー」と言って済ましているのも、S君がそれを放っておいてゲームを「楽しく、活発に」進めるのを許しているのも、すべて指導教員の普段の授業の反映のはずだ。しかしまたその指導教員は飛び抜けて変わった教員ではないのだろう。中学英語教員全体、さらに言えば日本の英語教育全体に、「英語は楽しく教えなければならない」という本末転倒したスローガンだけが蔓延し、英語を英語としてきちんと教えることを良しとしない傾向があるのだと思われた。

　あの教育実習のクラスの生徒たちだって、「ブラザー」という発音での答を「正解」として扱わないだけでも、その後の発音行動がガラリと変わるであろうことを私は肌で感じていた。ああ、なんとも歯がゆい。俺にやらせろ〜！

(3)　再び中学生を教える

　もともと大学新入生の発音のひどさを感じていたところに、そういう大学生を量産する中学・高校の英語教育を象徴するようなひどい授業を目の当たりにして、「もう見ちゃいられん。もう一度、この手で中学生にきちんとした英語を仕込んでみたい」という抑えがたい思いがふつふつとわき上がってきたのである。

　幸い、勤務している関西大学には同じキャンパス内に中学校が併設されている。さっそく授業を担当させていただきたい旨を申し込んだ。大学の授業との兼ね合いなどの調整は必要だったが、間に立っていただいた齋藤栄二先生、竹内理先生をはじめとする関係者の力添えもあり、2006年度より、正式に非常勤講師として中学3年生の「総合英語」という選択科目を担当できることとなった。

　幸い「総合英語」の授業内容は担当者に一任してもらったので、「歌、ス

ピーチ、外来語、早口言葉、会話表現などを題材として、世界にきちんと通用する発音が身につくトレーニングを(楽しく、かつ厳しく)行います」という文言で選択希望者を募ったところ、学年で約60名(30名×2クラス)が選択してくれた。

　こうして始まったのが、自作プリントを教材にした発音実技トレーニングのみに焦点を絞った「グルグル・メソッド」による授業である(この授業の詳細は、第6章に譲る)。

　なお、筆者がこのようなアクションを起こす直接の引き金となったS君には、今、皮肉でなく感謝している。そして彼の名誉のために付け加えておくと、その後彼は私のアドバイスをよく理解吸収し、現在では「発音指導の鬼」と異名をとる優秀な若手英語教師となり、中学生をビシビシ鍛えている。本稿を執筆しながらS君に連絡を取り、「シー・アーチン事件」を振り返っての現在の心境を尋ねたところ、次のような文章を寄せてくれた。

　靜先生に授業を見に来ていただくなんて、いろんな意味で大胆だったと、今になって思います。私はシー・アーチン事件を筆頭に、さまざまな事件を起こしてきました。

　教育実習時の私は、発音を指導することはできませんでした。生徒が「サンキュー」と言っても、その発音が正しいかどうか、判断できませんでした。なぜ判断できなかったか？　理由は簡単です。自分が正しい発音ができなかったからです。罪深いことですが、sheとseaは違う発音であることを知ったのは、大学院に入って靜先生に出会ってから以降のことでした。なんと恐ろしいことだったか、今教壇に立ってみて思います。

　「大学院に来て、sheとseaの発音の違いを知るなんて、なんて恥ずかしいことなんだ」と思われた方もおられるかもしれませんが、それが現実でした。靜先生に出会うまで、私の発音を指摘してくださった方はおらず、高校入試も大学入試も、大学院の入試でさえ、私の英語力に「OK」のサインを出しました(このことがきっかけで私はTestingを研究テーマとし、Speaking Testの開発に取り組んでいます)。誰も私の発音を注意してくれませんでした。「発音は英語を学ぶ上でさほど重要ではない」という議論をよく耳にしますが、あの日に私が恥をかいたのは紛れもない事実です。

　思えば、あの教育実習は私の転機でもありました。あの日の夜に、靜先生にいただいたメールを今でも見なおします。あの日の戦慄が昨日のよう

に思い出され、「このままではいけない！」と焦りにも似た感情が私の中に生まれてきます。生徒の前に立つときは今でも緊張します。授業前は教科書を何回も音読し、発音には細心の注意を払います。その結果、本文は完璧に頭に入った状態で授業に臨むようになりました。

「発音指導が必要か？」という議論に参加する気はありません。私には敷居の高い議論です。ただ、教壇に立って思うことは、生徒たちは「発音」の授業が大好きであるということです。彼らの口から生まれる英語に、私はなかなかOKを出しません。厳しいです。絶対に妥協はしません。でも、最後まで付き合います。とことんやります。そうすると、生徒は必死になります。そして「合格！」を出すと、「よっしゃ！」とペアでハイタッチをします。その授業の様子はまるで、試合であるかのようであり、合格を出すと生徒たちは得点を決めたかのように喜びます。発音を指導すると教室が暖かい雰囲気になり、何より生徒たちが達成感を感じます。そして「今日も合格したい！」と、彼らは授業前に私を囲み、教科書の音読のチェックを受けようとします。彼らが目的を持って授業に参加するようになりました。発音指導は今の私の授業の最大の武器であり、核でもあります。

ある授業でのことです。プリントを配ったときにある生徒が「Thank you」と言いました。「お、今の発音上手やな！」と褒めると「やったー！」と喜びました。「あのときに、あの生徒にも言ってあげたかったな」と少し寂しい気持ちになりながら、授業を開始しました。

(4) 「LとRなんて」事件

さてこうして関大一中の「総合英語」が始まって1年以上が経過した頃、授業を見学に来ていたある教育実習生がまた「事件」を持って来てくれた。

その実習生が来ていた日は、LとRに初めてフォーカスを置き、2つを区別して言う練習がメインに展開されていた。生徒たちはよく頑張り、ほとんどの者は少なくとも意識すればRの音が出せるというレベルには到達していた。おおむね満足していた私だったが、授業後に、その実習生がした質問を聞いて一瞬言葉を失った。

「LとRなんて、僕たちにも難しいのに、生徒はできるようになるのですか？」

これから英語教員になろうという人間、あるいは教員である人間の口から「自分にもLとRの区別が難しい」などというセリフを聞くほど情けないことはない。「LとRを難しく感じているようなレベルで英語教員になんかなるんじゃない！『きちんとやればこんなに簡単だよ。決して難しいものじゃないよ。ほら、先生は日本人だけど、こんなにたやすくできるだろ。君たちもきちんと練習すればすぐできるようになるよ』と生徒に言ってやれないような人間は教壇に立つ資格はない！」というのが、その時私の喉まで出かけた言葉である。

　しかし考えてみれば、この点に関して「資格がない」のは、この時の教育実習生に限らず、すでに教壇に立っている現職英語教員の中にも残念ながらたくさんいるようなのだ。少し考えてみたい。

2. 英語教師の4タイプ

　発音指導に対する姿勢によって、英語教師をいくつかのタイプに分類することができる。まず「きちんとした発音」を生徒に求めるかどうかで、大きく2つに分けられる（「きちんとした発音」とはどういう発音であるかは、後に定義をする。しかし、定義を示してもらわないと何が「きちんとしていて」何が「きちんとしていない」かがわからないとしたら、その時点でもうダメである）。

　第1のタイプは「きちんとした発音を求める教員」で、第2のタイプは「きちんとした発音を求めない教員」である。そして「きちんとした発音」をその教員自身ができるかできないかで、2つのタイプをそれぞれさらに2タイプに分類できる。第1の「きちんとした発音を生徒に求め、自分でもできる・している教師」をタイプAAと呼ぼう。第2の「きちんとした発音を生徒に求めるが、自分ではできない・しない教師」をタイプABと呼ぼう。第3の「きちんとした発音を生徒に求めないが、自分ではできる・する教師」をタイプBAと呼び、そして最後の「きちんとした発音を生徒に求めないし、自分でもできない・しない教師」をタイプBBと呼ぶことにする。

　日本に約5万人いると言われる英語教師の、これら4タイプのおおよそ

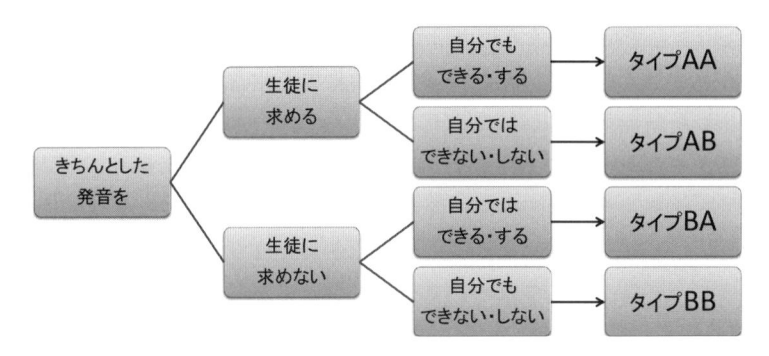

```
きちんとした発音を ─┬─ 生徒に求める ─┬─ 自分でもできる・する → タイプAA
                   │               └─ 自分ではできない・しない → タイプAB
                   └─ 生徒に求めない ─┬─ 自分ではできる・する → タイプBA
                                   └─ 自分でもできない・しない → タイプBB
```

の割合はどうだろうか。数値的な根拠はないが、授業を観察したりいろいろな人と話してみたりした結果の肌感覚で言うと、タイプ AA が 20％、タイプ AB が 0％、タイプ BA が 10％、残りの 70％ がタイプ BB というところだろう。

(1) タイプ BB

話の都合上、「生徒にも求めないし、自分でもできない」タイプ BB から検討評価してゆく。端的に言って、そういう教師が存在すること自体とんでもないことである。このタイプが「生徒に求めない」理由は、「自分にも難しいのだから、生徒にも難しいはずだ」という根拠のない思いこみと、「難しいことを求めると英語嫌いになるだろうから良くない」というオコサマ教と、「自分の苦手分野である発音を話題にすること自体を避けたい」という自己防衛本能である。

唯一同情する余地があるとすれば、おそらくこのタイプの教員自身が生徒の時、やはり同じタイプの教師から英語を教えられた犠牲者だ、という点だ。しかしそれにしても、「自分にもできないものは生徒にもできない」という思いこみで、伸びるはずの生徒からも伸びる機会を奪っている点で、許されるものではない。負の再生産を続けてよい道理があるはずがない。

(2) タイプ AB

「自分ではできないが、生徒には求める」このタイプは、現在ではほぼ無視してよいくらい少数の 0％ と上では推定した。人情から言って、自分に

できないことを生徒に求めるのは難しい。「自分は旧世代の教育を受けたからこの通りできないが、君たちは今後の世界を生きてゆくうえで、是非きちんとした発音を身につけて欲しい」という考えで、CD等の各種メディアに録音されたネイティブの音声やALTに頼っている教師は、皆無ではないだろうが、きわめて少ないのではないだろうか。

　ただし、このタイプは今後増えていくかも知れない。それは小学校で教科としての英語が導入されていくからだ。よく指摘されるように（現段階での）小学校の先生は英語、特に発音には自信がないので、それを教えるについて大きな不安を抱えている場合が多い。その不安を解消するためだろうが、英語教育専門家の中に、「先生方がモデルになる必要はないのですよ。CDもあります。ネイティブ教員もいます。日本人の先生方は、モデルではなく、コーチ、アドバイザーになればよいのです」といった論を展開するグループがいる。曰く「名コーチ必ずしも名選手ならず」「100ｍスプリントの世界最速王者と、そのコーチとどちらが走るのが速いですか？もちろん王者です。しかし、やはりコーチは必要なのです。コーチが選手よりその競技で優れている必要はないのです。英語もそれと同じです…」等々。

　指摘するまでもなく、この議論は直感的に言っても説得力がない。スポーツ・コーチングの比喩も論のすり替えだ。小学生に英語の発音を教えることにスポーツの比喩を使うなら、100ｍで10秒をどのくらい下回って走るかというトップ・アスリートの話などではなく、泳ぎのまったくできない子どもに、とりあえず顔を水につけることを教え、呼吸法を教え、まずは10ｍとにかく泳げるようにする、といったレベルの話のほうが適切だ。そういったことを教えるのに、自分では水に顔をつけられない「コーチ」でも大丈夫だと本気で考えているのだろうか。

　もっと上のレベル、例えば中学・高校の部活動のコーチであっても、名コーチ・名監督は必ずしも選手として同じレベルで活躍していたとは限らないだろうが、かといってそのスポーツをまったくやったことがないというのは極めて珍しいケースではないだろうか。

　CDを聞いて真似することで生徒の発音が向上すると本当に信じているのなら、論より証拠、自分でCDの真似をしてみて上達し、「ほらね！　こ

うやれば君たちもできるよ」と見せてやるのが何よりも生徒の励みになるはずだ。スポーツと違い、「体力の衰え」という言い訳は通じまい。

(3) タイプBA

「自分では発音がうまいが、生徒には求めない」というタイプBAは、自分自身が帰国子女であったり、留学が長かったり、といった英語教師の中に時々見られる。そういう先生の授業を観察してみると、本人は流暢な「アメリカ人っぽい」英語で(意地悪な言い方をすれば)「ペラペラと」クラスルーム・イングリッシュを話すが、生徒の話す(というか音読する)英語は、その先生のものとは似ても似つかぬひどい日本人英語である。

それもそのはず、そういう生徒の音読を聞いてどこがまずいかを逐一指摘して直させる、という営みは一切ないし、先生の英語自体も悪い意味で「ガイジンっぽく」て生徒を寄せ付けないような感じだ。寄せ付けない感じというのは、やみくもに「ペラペラと」ナチュラルスピードで話すばかりで、時には意識的に、ゆっくりはっきり正しい発音で話し、「ほら、これが正しい発音よ。よく聞きなさい。ほら、あなたたちにもできそうでしょ。真似してごらんなさい」というメッセージを発することがない、という意味である。

自分はたまたまうまいけれど生徒にはそこまで要求しない、というのは一見、優しさのように思えるかも知れないが、私には生徒に対する教師としての愛情の欠如にしか思えない。このタイプは自分ではきちんとした英語を話すわけである。ということは、英語らしい英語を話すことがいかに気持ちよいかを知っており、逆に「日本人英語」が聞き手にもたらす不快感を承知しているわけである(だからこそ自分は「きちんとした」英語をしゃべるのだ。そうでないなら日本人英語をしゃべるはずだ)。にもかかわらず、生徒にもその気持ちよさを味わわせてやろうとして地道に努力するほどの愛情は持ち合わせていないわけである。そういった意味で、このタイプが最も教員として「冷たい」のではないだろうか。

タイプBBは、言語道断ではあるが、心情としては共感(理解)できる。自信がない分野に積極的に関われないのはある意味人情だ。状況を改善するためには、自分を訓練して、自信をつけてゆけばよい。しかし、このタ

イプ BA には共感すらできない。「私の英語はこのように正しい英語です。ま、皆さんは皆さんですから、適当にやっていれば結構です」ということなのだから。

(4) タイプ AA

　以上の消去法からすでに明らかなように、本当の意味でプロフェッショナルの (＝それを教える代償に報酬を得る) 英語教師 (＝コーチ) と呼ぶに値するのは、「自分でもきちんとした発音をし、生徒にもそれを求めてゆく」タイプ AA のみである。「きちんとした発音をし」という部分は、最初のうちは「きちんとした発音を心がけ」と読み替えても構わない。そして「求めてゆく」という部分は、より正確に表現すれば、「求めてゆき、その結果として生徒の発音技能を向上させ、きちんとした英語を話すことの『喜び』を生徒に味わわせてやることができる」となる。縁あって本書を手に取った読者には、是非このタイプ AA を目指して欲しいと思う。
　ところが残念なことに今の日本には発音指導について誤った考えを持った人が多い。そういう人々からの雑音・妄言に読者が惑わされないよう、次節で真実と神話を切り分けてゆく。

3.　音声指導に関する 8 つの誤り

　現在、発音指導は人気がない。私の知る限り、発音を重視していると正面切って言う教員は極めて少数である。私の考えるところその原因は多くの誤解・曲解が世間に蔓延してしまったからである。その中から特に困った考えを 8 つ取り上げ、それらが誤っていると私が考えるのはなぜなのかを説明する。

(1)　日本人英語で十分だ

> 　いまや世界にはいろいろな英語がある。インド人はインド風英語を話す。アフリカ人はアフリカ風の英語だ。日本人は日本人英語でいいじゃない。

よく聞かれる開き直りだが、「日本人英語」という表現がくせ者だ。確かに、どだい日本人はどこまで行っても日本人。ネイティブと同じにはなれないし、なる必要もない。私は初対面のネイティブ・スピーカーに、しばしば「アメリカに長くいたのですか？」とか「どこで英語を身につけたの？」と聞かれる。しかしネイティブ・スピーカーと間違われることは100％ない。これからもないだろう。

　私は単なる英語「ユーザー」であるだけでなく、英語「教師」でもあるので、できる限りネイティブの英語に近づけるように日々研鑽に努めてはいるが、それでも、コロケーションや単語の選択や言い回しとともに、発音に関しても「微妙な何か」（その「何か」は、おそらく個々の音ではなく、それを超えたリズムやイントネーションだ）が、私が非母語話者であることを告げるのである。

　この意味で私の英語は「日本人英語」であるが、このレベルの「日本人英語」は許容されるし、国際社会でも問題なく受け入れられる。しかし、最初からなんの努力もせず、日本語の音をそのまま使って「英語もどき」の発音をしている「日本人英語」で十分だと思うのは完全な間違いだし、教師として生徒にそのような誤ったメッセージを与えるのは罪作りなことだ。

　よく知られているように、トレーニングなしのデフォルト（初期状態）「日本人英語」では、sin（罪）も shin（向こうずね）も thin（やせた）も、すべて「シン」である。closing（閉めること）も clothing（衣料）も「クロージング」だ。sea も she も「シー」。「イレクション」と言っても、election（選挙）なのか、erection（建立、勃起）なのかわからない。「シック」と言っても sick（病気）なのか、chic（粋な）なのか thick（厚い）なのかわからない。far（遠い）と fur（毛皮）、fast（速い）と first（一番の）、hat（帽子）と hut（小屋、ピザハットのハット）のような基本的語すら、いちいち文脈の力を借りなければ区別できないのである（注：文脈の議論については次の項を参照）。

　「日本人はこういう英語でいいんだよ。大して気にしなくていいよ」などと間違っても自分の生徒に思わせないで欲しい。このレベルの「日本人英語」が国際社会で好意的に迎えられることはあり得ないからだ。英語教師

としては、当然、自分の教える生徒たちの話す英語が、「楽に」(＝聞き手がいちいち文脈を考えて想像力を働かせずとも) 相手に理解されるように指導すべきである。具体的には「それが違えば意味が違う」音の最小単位である「音素」の区別ができるようにしてやることが絶対に必要である。その区別ができている発音が「きちんとした発音」だ。

(2) 文脈があるじゃないか

> 単語には文脈がある。文脈で意味はわかるのだ。昔から、rice のつもりで lice と言ったらとんでない、と言うが、現実にはレストランではメニューにある料理を注文する、というスキーマがあるのだから、シラミではなくちゃんとライスが出てくる。つまり、個々の音はそんなに気にする必要はないのだ。

　文脈があるから個々の発音が多少まずくても「通じる」場合があるのは一般論としては事実である。しかし「文脈で意味はわかるから、○○はそんなに気にする必要がない」という主張をするなら、○○に入るのは実は「発音」だけではない。

正確なつづりは不要？

　例えば「つづり」も入るだろう。We don't haf to wally too mach abaut speringu. などとつづっても、「つづりはどの程度重要か」が話題になっているというスキーマがあるならば、おそらく We don't have to worry too much about spelling. を意図しているのだ、とわかるだろう。だからといって「つづりは大して気にする必要がない」と生徒に言うべきだろうか？

　これに関連して友人の手島良さん (武蔵高等学校・中学校) が鋭い主張をしている。「フォニックスの観点から言っても、日本語風の発音を許しておきながら、英語風の綴り (＝英語として正しい綴り) を求めるのは詐欺的だ」というものである。例えば、生徒が、sick と thick を区別なく、どちらも日本語風に「スィック」と発音しているのにそれを放っておき、それでいて、単語テストで thick を sick と書いた生徒の解答にバツをつけるのは筋が通っていない、ということだ。うむ、正にその通りである！

時制は不要？

「時制」だってそうである。スカートを手に持ちながら、I go shopping yesterday and buy this skirt. と言えば、yesterday があるのだから、I went shopping yesterday and bought this skirt. のことだと通じるだろう。最近何をしたのかを報告し合っているという文脈があればなおさらである。だからといって「時制など気にしなくともいい」と教えるべきだろうか？

3単現は不要？

3人称単数現在の動詞変化など、意味の伝達の上では「不要」の最たるものである。意味伝達の上ではほぼまったく余分なのだ。My sister love music very much. / She always listen to music. でまったく問題はない。かといって3人称単数現在を教えるのをやめるだろうか？

冠詞は不要？

「冠詞」だってそうだ。不定冠詞を使うか、定冠詞を使うか、はたまた無冠詞がよいのかは、我々日本人にとってかなりのレベルになっても頭を悩ませる問題だ。どれを使おうが使うまいが、多くの場合おおよその意味は文脈から伝わるだろう。だからと言って、This is very good book. という文で構わないよ、と生徒に言うことが正しいことか？「日本語には冠詞がないから日本人は冠詞を使わないのが当然だ。だから冠詞なしの日本人英語でどこが悪い？」と開き直るのか。

以上の例のいずれでも意味は何とか通じるかも知れないが、読み手は正しく書かれた文を読む時よりも確実に時間を余分に消費し、おそらくはストレスを感ずるだろう。そして書いてある中身にかかわらず、書き手の教養を低く評価してしまう傾向は止められないだろう。

言語の余剰性

英語に限らず、言語には「余剰性」がある。たくさんの要素（個々の音、語のアクセント、文のアクセント、イントネーション、つづり、単語の選択、単語の形、語の並べ方、パンクチュエーション、そして文脈、等々）から成り立っているので、その中の1つだけが欠損（音が別の音に代替さ

れる、1つの単語の形がおかしい、1ヵ所の語順がおかしい、1つのカンマの位置がおかしい、等々）しても、それが直ちに全体の意味疎通を不可能にする、ということは少ない。

　だからといって、それをもってそれぞれの「小さな要素」は重要でないと「英語教師が」言い出すのは明らかにおかしい。英語教師の仕事の中で、3単現や冠詞の用法やLとRの区別など、1つ1つ取り上げれば「小さなこと」を、ていねいに、こつこつと、できるかぎり生徒がそれぞれを正しく使えるようになるように導いてやることは、中心部分であるはずだ。

文脈に頼らねばならぬ、ではダメ

　多少発音がまずくても、文脈からなんとか意味がわかることは確かに多い。しかしそれはどうしても発音が身につかない学習者に対する最後の「なぐさめ論」であって、文脈などなくとも楽に意味がわかる発音であるほうがよいのは当然である。聞き手の立場に立ってみよう。RとLが分化していないので流音（RとLのことを総称してこう呼ぶ）が出てくるたびに（瞬間的ではあるが）文脈からどちらかを判断しなければならない英語を話すAさんと、RとLをきちんと使い分けて英語を話すBさんに、一日中つきあわなければならないとしたら、どちらを選ぶだろうか。生徒たちには、AさんではなくBさんを目指させる必要があることは自明だ（一日つきあうなら、発音ではなく、話の中身のおもしろい人がよい、という論については後を参照）。

(3)　流暢さが大切だ

> 　個々の発音の正確さ（accuracy）を気にしすぎると、流暢さ（fluency）が身につかない。だから正確さを気にしすぎないほうがよい。

　これも完全な考え違いである。まず前提として、我々の目標は（ネイティブと同じでなくともよいが、音素の区別はできているような）「きちんとした」発音で、（早口のネイティブと同じほどペラペラとでなくともよいが、聞き手がいらいらしない程度には）「スラスラと」ある程度のスピードをもって話せる生徒を育てることだ、とする。つまり「正確さ」も「流暢さ」

も両方必要だ、という前提があるとする。正確さのない流暢さ（ペラペラと何かしゃべっているが、まったく意味がわからない）には意味がないし、流暢さのない正確さ（非常にはっきりとわかるが、一文を言い終えるのに30秒かかる）には実用性がないので、この前提は妥当なものだろう。

その前提に立って言うならば、最終的に正確さと流暢さの両方兼ね備えた状態に到達するには、まず正確さを手に入れ、その状態を維持しながら徐々に流暢さを手に入れてゆくのが上策だと思われる。同時は無理だし、ましてや、流暢さを手に入れてから、その状態を維持しつつ徐々に正確になることはあり得ない。

初めての筋肉習慣

具体的に考えてみよう。例えばfの音も、thの音も、rの音も、初めてそのような「唇使い」「舌使い」を体験する学習者にとっては、「本当に英語のネイティブはこんな変な発音をしているの？」といぶかるほど、奇妙キテレツなものに感じられるようだ。fの音を作るにはご存じのように上の前歯に下唇を接触させてその隙間から息を出す必要があるのだが、この「上の歯に下唇を接触させる」という部分に大きな困難を覚える生徒が、少ないが一定の割合で必ず（1クラスに1～2名）存在する。

すでに英語には慣れきった我々が、そういう生徒の感覚を再体験するには、通常のfと逆に、「下の前歯に上の唇を接触させ、その隙間から息を出す」という「逆f」を試してみるとよい。

どうだろう。今までやったことのないやり方で発音筋肉を動かすというのはかなり違和感を覚えるものだと納得しただろう。こういう感覚を多くの入門期の生徒が持つということを認識しておこう。th で舌先を前歯に当てるもそうだし、r で舌先を歯茎に接触しないように移動するのも、初めて体験する者にとっては一苦労なのだ。

さて、そういう違和感と戦いながらの試行錯誤の末、thank の th と、very の v と r の音がやっと何とか出せるようになり、Thank you very much. という文が、発音に気をつけながらゆっくりとならば、きちんと言えるようになった生徒がいたとする。くせ者は very で、ve と言った後に唇を丸めて突き出して「よいしょ」という感じで発音すれば、きちんと ry と言えるが、ちょっと気を抜いたり、急いだりすると、舌先が歯茎をペロッとさわって日本語の「リ」になってしまう、という段階だとする。発音筋肉の新しい動きをなんとか学習したばかりで、まだその動きが自分としてしっくりこない、つまり習慣になっていない状態である。

「ゆっくり正確に」から徐々に

こういう時は、決して急いでは、また急がせてはいけない。「きちんと言える」をキープしながら、Thank you very much. と言える速度を、徐々に、本当に徐々に速くしてゆくのだ。その過程で、ちょっとでも「正確さ」が損なわれる場面があったなら、すぐにまた速度を下げた段階に戻って練習するなどして、常に「正確さ」を担保した状態で進むことが大切だ。こうして最終的には「スピーディに正確に」言えるようになることを目指そう。同じ音を何度も作っているうちに、その動きが脳にインプットされ、ぎこちなかった感覚が消え、徐々にしっくりしてくる。いつか、まったく意識しなくともそのような動きができるようになる。そうなった時その技能は「自動化」されたという。

自動化

自動化した状態とは、まったく意識しなくとも筋肉が動く状態である。例えば、我々の歩行は自動化している。歩くために足を左右交互に振り出す時にいちいち悩むことはない。自転車に乗る技能も普通の人なら自動化

している。バランスをとりながらペダルを踏む動作にはまったく「意識エネルギー」を使わない。だから「意識エネルギー」を他の行為（例えば考えごとをしたり、会話をしたり、ケータイのメールを打ったりといった）にあてることができる。

これに対して、まだ自動化していない動きは意識エネルギーを消費する。新しい言語の発音方法に慣れていない時は、1つ1つの音を出すのに、「せ〜の、よいしょ」とばかり意識的に舌や唇を動かさねばならないので、当然、すらすら話せない。「正確さが優先して流暢さが犠牲になっている」状態である。そしてそれは一部の人が言うように困った状態などではなく、ビギナーとしてはそうであるべき望ましい状態である。何のスポーツでも、正しいフォームを身につけようとする時は、意識的にゆっくりした動作から入るのが正しい。

その動作を繰り返し、繰り返し行っているうちに、その動作を遂行するために必要とされる意識エネルギーの量が徐々に減ってくる。平たく言えば、だんだん慣れてくるのである。つまりそれほど意識しなくても体が自然とそう動くようになってくるのである。

正確に言おうとすることが意識エネルギーをそれほど消費しなくなってくると、「次に何をどう言おうか」といった高いレベルの精神活動に意識エネルギーを充当できるようになり、徐々に流暢に話せるようになってくる。後は練習を重ねて流暢さを高めてゆくのみである。このルートをとった場合、正確さは最初から確保されているので、最終的には正確でかつ流暢な英語を身につけることができる。

正確でない英語の行き着く先

これに対して、最初に正確さをきちんと担保せず、中途半端な状態のまま流暢さに重点を置いた練習を始めてしまうと、いつまでたっても正確さが身につかない。当然である。最初は意識をそれだけに集中してゆっくり大げさに舌や唇を動かしてようやく発せられるような「外国語の音」が、せかされるようにしゃべっている状況で身につく道理がないのである。何年たってもきちんとした英語が身につかない。せいぜい、カタカナ発音（＝非英語）で聞きづらい英語が速くしゃべれるようになるだけである（悪くす

ると、アブハチ取らずになる恐れだってある)。

　そして、考えればすぐわかることだが、聞く側にとって、「聞きづらい発音で早口でペラペラしゃべられること」ほどの悪夢はないのだ。英語圏の大学で、非母語話者の大学院生がTA(ティーチング・アシスタント)として母語話者の学部生の授業を一部担当するようなことがあるが、そういう場合に学生から聞かれるTAに関する不満で最も多いものの1つは、「訛りのあるわかりづらい発音で、かつ早口で話される」というものだという。

　正確さのない流暢さは最悪だ、ということを肝に銘じておこう。発音がうまくできない時は、せめて、ゆっくりはっきりしゃべるのが聞き手に対する思いやりである。

　　ベストの組み合わせ：　　　　　　正確＋流暢
　　セカンドベストの組み合わせ：　　正確＋非流暢
　　セカンドワーストの組み合わせ：　不正確＋非流暢
　　ワーストの組み合わせ：　　　　　不正確＋流暢

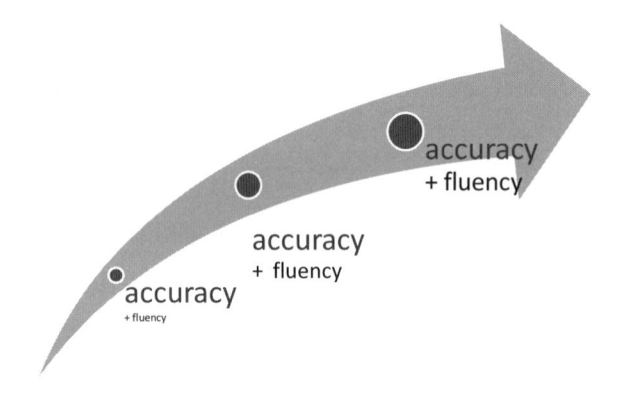

accuracy
+ fluency

accuracy
+ fluency

accuracy
+ fluency

　話をわかりやすくするため、英語の発音ではなく、タイピング技能について考えてみよう。「個々の発音の正確さを気にしすぎると、流暢さが育たない」という議論をタイプ技能に当てはめると、「タイピングの正確さを気にしすぎると、スピードが育たないから、正確さはあまり気にしすぎないほうがいい」となり、いかに馬鹿げた議論かがよくわかる。当然、「打つつもりのキーを打つ」ということを担保した上で、徐々にタイピング速度を

上げていくのが唯一の道である。指が打っているはずのキーと実際に打たれているキーの対応がずれた状態で速く打つ練習をして、その対応を自動化したらどうなるか？　その感覚をまたunlearnしてから、正しい感覚を学習し直さねばならない。何という無駄だろう。

正確さのない音読やシャドウイングは百害あって一利なし

　最近、「音読」や「シャドウイング」がブームである。文法訳読しかやっていなかったことの反省として「音」を出させようという姿勢自体はよいことだが、問題なのはその「音」の中身だ。個々の音はカタカナ発音のままで、やみくもに大きな声を出させたり、何度も読ませたり、速く読ませたりする場合が多い。そういう授業を「活気がある」といって歓迎するのは誤りだ。「正確でかつ流暢な」英語を目指す上では、まったく意味がない。大きな声で何度もすらすら読んでいるうちに、徐々に発音が良くなることは200％あり得ない。

　応援団の練習ではあるまいし、声のボリューム自体はどうでもいいのである。また、いたずらに早口で読む必要はまったくないのである。普通の声量で、きちんと話すことが大切だ。教室での音読練習の時は、元気の良さではなく、個々の生徒がどの程度「きちんとした発音」と「きちんとしたリズム」で読めているか、いないかに気を配ろう。「もっと元気よく！」ではなく、「漫然と読まずに、自分の発音を変えるつもりで、意識してきちんと！」と声をかけよう。

　カタカナで読むのであれば、そもそも音読などする必要はない。日本人なのだからカタカナ発音はもう十分身についているのだ。身についている音を音声化してもただ喉が疲れて声が枯れるだけである。そうではなく、一文一文読むごとに、自分の発音筋肉の習慣を変えるつもりで、意識してきちんと読むのだ。そのように意識すれば自ずとそれなりの声量になる。声量は目標や目的ではない。結果なのだ。

（4）　発音は細かいこと

> ＬとＲの区別などと、あまり「細かい」ことを言う必要はない。

残念なことに現職の中学の先生からこういう発言を実際に聞いたことがある。また小学校で英語を教える先生を励ますため (?) か、小学校英語を推し進めている英語教育関係者の中にも、こういうことを言う人は多い。しかし、可能性のある子供たち、生徒たちにそんなメッセージを与えているとすれば、ゆゆしき事態である。

LとRの区別が「細かい」あるいは「些末な」区別だ、と本気で考えている人は、私に言わせればKMI症候群という深刻な病気に冒されている。KMIとは、他でもない、Kuso Miso Issho の略だ。

「LでもRでも大して変わらないよ」と考えるのは、「糞でも味噌でも大して変わらないよ。見かけも手触りも似ているし。味噌が切れたから今日は *miso* soup ならぬ *kuso* soup でいいや」という考えと同程度にひどい。つまり、

> An "L" is as different from an "R" as *miso* is different from *kuso*.

であると言える (as ... as の例文として、是非授業で使って欲しい)。
　決して冗談ではない。「細かい」発音の違いが大きな意味の違いを生むのだ。

> Sit here and eat rice. （ここに座ってご飯を食べなよ）
> Shit here and eat lice. （ここで糞してシラミを食えよ）

の2つは大違いだ (この例文は、私の大学院の授業を履修した現職教員のAkeera氏が提供してくれたもの)。実際に、公開授業で、"Shit down!" を連発する先生がいた。そういう「ウンコみたいな」英語を生徒に聞かせてよいはずがなかろう。

> Are you going to have an election today? （きょうは選挙がありますか?）

と言っているつもりが、

> Are you going to have an erection today? （きょうは勃起しますか?）

と聞こえたら非常に恥ずかしい。こういう下ネタは、無理にでっち上げ得

るばかりでなく、実際にも起こるのである。

　これは英語科教育法を受講していた女子学生の実体験だが、アメリカでマクドナルドに行き、コーラを注文する時に、"I'd like a coke, please." と言ったらしい。そのcokeの二重母音がうまく発音できなかったらしく、後で周囲から、あなたのcokeはcock（＝男性器を意味する俗語）に聞こえているわよ、と言われ顔から火が出るような思いだった、とレポートに書いていた。

　上の「文脈」議論ですでに書いたが、こういう単音がうまく出なくても、必ずしも「通じない」わけではない。しかし「通じる」つまり、意図している意味がわかるからこそ、意図していると思われる意味と現実に聞こえている意味の乖離が、「滑稽さ」を生み、「あざけり」を呼ぶこともある。

　仮に、日本語を学習している外国人で、「し」と「ち」の区別が未分化で、「し」と言うべきところを「ち」、逆に「ち」と言うところに「し」と言ってしまう人がいたとする。その人が、「私の進歩はどうですか？」とか「このお新香はおいしいです」と言うつもりで、常に「し」を「ち」と言い間違えていたら、「意味はわかるからいいや」と済ますのが日本語教師として正しい態度だろうか？

(5)　他にやることがある

> 　発音も大切なのはわかるが、授業の時間は限られている。他にやることがありすぎて、とても個人の発音まで手が回らない。

　「なかなか発音までは...」という言い訳は非常によく聞かれる。おそらくそういうことを言う人の頭の中では英語教師の教えるべき事柄は次のようなイメージだろうと思われる。

| 文法 | 語彙 | 読解 | 作文 | 聞き取り | 会話 | 発音 |

　文法とか読解とかがドーンとあり、ほんの片隅に申し訳ばかりに「発音」がある、という位置づけなのだろう。もしかするともっと重要性は低く思われているかも知れない。

しかし、である。そもそも言語とは音声なのである。それを記録したのが文字であって、逆ではない。よって音声のない言語というのはおおよそ考えられないし、考えられたとしても意味がない。言語の物理的実体は、空気の密度のゆがみである音波、つまり音声の連続だ。その音声連続を生み出すのが発音器官の動き、つまり発音だ。だからある意味では、発音が言語を生み出しているのである。

音声を伴わない単語はない。というよりも、単語の実体とは音の連続なのだ。その単語の並べ方の規則である文法は、当然単語を抜きには語れない。すなわち、音声抜きで文法を語るのはナンセンスだ。センテンスだって文章だって、もちろんリスニングやスピーキングだって、音声がなければあり得ない。

英語の語彙を使っていない「英語」は英語ではない。例えば

　私、愛する、あなた

は、英語の文法に従っているが、英語の語彙を使っていないので英語ではない。

同様に、英語の文法を使っていない「英語」は英語ではない。例えば、

　I you love

は、英語の語彙を使っているが、英語の文法を使っていないので英語ではない。

同様に、英語の音声を使っていない「英語」は英語でない。例えば、日本語のカタカナ音を使って6モーラ（拍）で発音される

　アイラブユウ

は英語ではない。英語音を使っていない「アイ」はIではないし、「ラブ」はloveではないので、英語の単語を使っているとも言えない。

要するに、音声が英語でなければ英語ではない。ハローもエブリワンもサンキューも英語ではない。

音声を生み出す行為である発音は、英語学習のはじめの一歩であり、すべての学習活動の根っこであり、前提であり、基盤である。だから、教師

として持っておくべきイメージは次のようのものである。

Reading	Writing	Listening	Speaking
文法 ＆ 語彙			
発音			

発音「まで」でなく、発音「から」

　発音「まで」手が回らない、という発想は完全に本末転倒だ。ものごとには順序がある。文章を読む練習をする前には、文を読む練習をする必要があり、文を読む前には単語を読む練習をする必要があり、単語が読めるには、文字が認識できる必要がある。

　エッセイを書くには、パラグラフが書ける必要があり、それにはセンテンスが書ける必要があり、それには単語が書ける必要があり、単語が書けるにはアルファベットの一文字一文字が書ける必要がある。アルファベットが書けない状態で、パラグラフを書かせるのはナンセンスである。

　まったく同じように、/l/ と /r/ の区別、/b/ と /v/ の区別がおぼつかないまま、文を音読させてもナンセンスである。

　発音「まで」手が回らない、はあり得ない。なぜなら発音「から」すべてが始まるからである。発音「から」始め、少なくとも主要な音素が、それほど苦労なく生成できるようになるまで、それを最優先の課題にすべきである。例えばLとRの区別が楽にできるようになるまでは、次のステップに進ませない、という姿勢が大切である（それでは英語が嫌いになる、という議論については後を参照）。

　「僕は18年間 th の発音を間違えていたことがわかりました」
　「私は中学・高校と6年間も英語の授業を受けて来ましたが、自分は
　　何をやってきたのだろう、と思います」

とは、大学に入学して私の授業を受け、「発音ができなければ1点もやらないし、次の段階には一切進ませない」という方針で徹底的にダメを出さ

れ、生まれて初めて th の音や r の音の何たるかを知り、そして発音できるようになった学生が学期末に書いた感想からの抜粋である。

アルファベットはまず言えるように

「うちの生徒の中にはアルファベットもまともに書けないのがいる」云々、という表現はよく聞くが、「うちの生徒にはアルファベットもまともに言えないのがいる」という発言は聞いたことがない。しかしアルファベットの文字の名前がきちんと発音できないのは、実は教員の中にも多いのだ。アルファベットの 26 文字と 1〜20 の数字だけでもきちんと英語として発音できれば、ほぼすべての発音はカバーできると言っても過言ではない。だからアルファベットを導入したら「生徒がそれぞれの文字の名前をきちんと英語として発音できるようになっているかどうか」をもっともっと気にしよう。具体的には、最低限、

- B と V をきちんと聞き分けて、言い分けるようになる
- G と Z をきちんと聞き分けて、言い分けるようになる
- F がきちんと下唇と上前歯の摩擦音を使って言える

  さらに欲を言えば、
- G、J は摩擦音でなく破擦音を使って言える（→ p.99）
- V、Z は破擦音でなくきちんと摩擦音を使って言える
- P、T、K はアスピレーションを伴って言える（→ p.103）

など、押さえるべきことはいくらでもある。そのあたりをいい加減にして進むと後のすべてがいい加減になる。

(6) 発音指導は母語話者でないと

> 日本人は、ネイティブのようにうまく発音できないから、生徒のモデルにはなれない。発音に関してはネイティブや CD にまかせて、日本人教員はそれ以外の分野（文法など）に力を入れたほうがよい。

いいや、そんなことはまったくない。わかりやすく喩え話をしよう。生徒にある「河」を泳いで渡らせねばならないとする。生徒は今、岸のこちら側におり、河で泳いだことはない。そして助っ人がふたりいる。

3. 音声指導に関する8つの誤り　25

　助っ人Aは、河の向こう岸にいて、「こっちに来いよ〜！ 岸はこっちだよ〜！」と叫んでいる。ただ叫ぶだけで自分で河に入ろうとはしない。

　助っ人Bは河のこちら側の岸、つまり生徒の横にいる。が、次の瞬間「こうやって泳げば渡れるよ。よく見ていて真似してごらん」と言ったかと思うと河に飛び込み、向こう岸まで泳いで渡るところを生徒に見せる。そしてまたこちらの岸まで泳いで戻ってきて、今度は生徒を水に入らせ、横でコーチしながら向こう岸まで泳がせようとする。

　さあ、どちらの助っ人が役に立つだろうか？ 答は明らかであろう。そして発音指導に関して言うならば、助っ人Aは「ただの」ネイティブ・スピーカーおよびCDの喩えであり、助っ人Bは英語のできる日本語母語話者教員の喩えである。

　発音の上手さでは、言うまでもなくネイティブやその音声を録音したCDに軍配が上がる。まったく英語の発音ができない状態を1、ネイティブの状態を10とした時、日本語母語話者教員は8あるいはせいぜい9だろう。しかし1の状態にいる日本人学習者を6でも7でもできるだけ10に近い場所まで連れて行くことに関しては、(優れた)日本語母語話者英語教師の方がずっと上なのである。ネイティブはモデルを示すことはできるし、日本人学習者の発音の質を評価することはできる。しかし、日本人生徒の発音がなぜ悪いのか、その悪い発音がどうやったら良くなるのかを説明することはできない(当然のことながら、CDだってモデルを提示するだけで、どうやったら良い発音ができるかを「説明」してくれる力はない)。生徒が

最初に立っている「河のこちら岸」に来られない、すなわち日本語の発音ができないのだから当然である。日本人生徒の発音が問題なのはわかるが、何が原因でその問題が生じているのかがわからないので問題の解決ができないということだ。

　それに対して自分でも英語が「きちんと」発音できる日本語母語話者英語教師は、自分自身1から出発して苦労して8や9までたどり着いているから、生徒にもどうやったらうまくなれるかを「指導」することができる。ネイティブと同じ10には到達させられなくとも、少なくとも自分と同じ地点の8や9までは連れて行ってやれる。日本語母語話者英語教師としてもっと自信を持とうではないか。ちなみに私は少し前、主としてネイティブ英語教員の団体であるJALTの集まりで、"How and why Japanese teachers of English can be better at improving Japanese learners' English pronunciation than native-speaker teachers (usually) are." というタイトルの講演をしてきたが、なかなか好評だった（と思っている）。

(7)　発音より内容だ

> 　ペラペラとネイティブのような発音でしゃべれても、話の中身がつまらなければ誰も聞いてくれない。発音など後回しでいいから、聞くに足る内容を身につけることが先決だ。

　前半の「発音がうまくても、話の中身がつまらなければ誰も聞いてくれない」は真実である。しかしこの命題は、「発音がうまくても」という部分を「語彙が豊富でも」とか「語法が正確でも」とか「文法がうまく使えても」とか、およそ言語の「形式」に関わるものなら何で代替しても成り立つ、ということに気づく必要がある。つまりこの前半は、「英語自体がうまくても、話の中身がつまらなければ誰も聞いてくれない」という当たり前のことを言っているに過ぎない。

　言葉は広義のメッセージを伝える道具であるので、肝心のメッセージが貧弱ではいくら道具が立派でも意味がない。しかし逆もまた真であって、道具が貧弱ではいくらメッセージが立派でも十分それが相手に伝わらない。そして間違いなく英語教員の仕事はその「道具」を立派にしてやることの

方であって、中身・メッセージを持たせてやることのほうではない。
　つまり「発音より中身が大事だ」というのは、その本人の立場からすれば一理あるのだが、それに一理あろうがなかろうが、我々英語教師の立場からすれば関わりのないことである。「数学の証明なんかできるより、心が温かいほうが人間として大切だ」という命題が仮に真であっても、それが数学教師には関わりがないのと同じである。数学教師は数学を教えるのが仕事であり、英語教師は英語を教えるのが仕事なのである。伝えるべき中身はあることを想定した上で、その中身を少しでも良い形で相手に伝達できるような道具としての英語を磨いてやるのが我々の仕事である。そしてそれは立派な、誇るべき仕事だと私は考えている。
　よく、明石康氏や小柴昌俊氏が「日本的英語」で国際的に活躍している姿を例に、「あの通り、発音はどうでもいいのである」ということを言う人がいる。そしてそういう「免罪符」を歓迎する英語教師がいる。同業者として情けない限りだ。明石氏や小柴氏が素晴らしいのは、それぞれ元国連事務次長、ノーベル賞学者という中身が外見（＝発音）を補って余りあるからに過ぎない。外見たる発音はあくまで低レベルであって、せっかくの中身が外見の分たとえわずかであろうが確実にマイナスになっているのは間違いない。両氏がよりよい外見をまとったならば国際社会でなおさら歓迎されるだろうし、逆に彼らほど傑出した「中身」のない我々が、外見まで悪ければどうしようもなかろう。

(8)　発音矯正は英語嫌いを作る

> 発音は無理に矯正しないほうがよい。無理に矯正すると英語が嫌いになってしまう。

　神話の中でも最も有害なものがこれだ。発音を矯正すると英語が嫌いになる、が事実かどうかはとりあえず後回しにし、「○○をすると英語が嫌いになる。だから○○はしない」という心的態度について考察を加える。もう少し一般的に言うと、「嫌がられることはしない」という態度だ。もちろん、相手の嫌がることをわざわざすることはない。そんなことをするのは理由のないイジメである。だから、この「○○」が、しなくて済むもので

あれば、しないほうがよい。しかし嫌がられようがどうだろうが、その「〇〇」が、相手にとって必要なことだったらどうなのか。その場合、「英語が嫌いになるから必要な〇〇はしない」というのは、まったく本末転倒だ。

　もう少し分析してみる。発音矯正反対派の理屈によれば、発音を矯正するとおおむね以下のような連鎖が起こる。

> 発音を矯正する → うまくできない生徒が一部出る → そういう生徒は「うまくできない自分」を認識する →「友だちのようにうまくできない自分」が嫌になる → 心理的な防衛機制および逆恨みにより、そういう嫌な思いをさせる英語(および英語教師)が嫌いになる

　この連鎖の最後に位置する、「英語(および英語教師)が嫌いになる」という現象を起こさせないために、最初の「発音を矯正する」もしないほうがよい、という主張だ。それで済めば苦労しないのだが、では、発音を矯正しないとどうなるだろうか。次のような連鎖が起こる。

> 発音を矯正しない → 多くの生徒は発音が身につかないが、矯正すなわち「その発音はダメで、正しい発音はこうだ」ということを教えてもらわないので、身についていないこと自体が認識されない → 身についていないことが認識されないので特にunhappyになることはない → 心はhappyだが、技能は永遠に身につかない

　すなわち、「矯正されない」ということは「それではダメだということを指摘されない」ということなので、気分が悪くなることはない。どんな発音をしていても、Very good! Very good! と言ってもらえる。しかしそれは、本当は問題があるのにそれを指摘されないからその問題の存在に気づかないだけである。そんな状態のまま気分良く学習を続けさせることに意味があるのだろうか。

　はっきり言おう。ダメなものはダメだと教えてやるのが生徒のためであり、我々教師の務めである。お前のそのRはダメだ、英語になっていない、と教えてやれるのは教師しかいない。その時は、その生徒が「へこみ」、嫌な思いをするのは当然だ。というか、必要なことである。ダメなのに気分

が良いのではいけないのである。きちんと、気分を悪くしてやらなくてはいけない。

　なぜかというと、気分が悪いのは人間誰でも嫌なので、その状態を抜け出そうとするからだ。すなわち、気分が良い状態になるにはどうしたらよいか、無意識に模索する。気分が悪いのは自分ができないからであって、できるようになれば気分も良くなるわけである。そこで、どうすればできるようになるかを示してやれば、必死になってできるようになろうとし、実際にできるようになる。その時に得られるのが、「できた！」という達成感である。また、自分はできるのだ、という本当の自信だ。

　その達成感と自信は、最初からろくに努力もしないで、Very good! Very good! と言われ続けている時の「unhappy ではない」という消極的な、内実を伴わない「英語は嫌いではない。難しくないから」という感覚とは比べものにならない。

　では「後回し」にした、「発音の矯正をすると英語が嫌いになる」という命題の真偽検討に戻ろう。結論を言うと、この命題は一時的には真で、長期的には偽である。発音がダメな点を指摘すると、もちろんその時は「へこむ」。この意味に限って「嫌い」になる（そしてそれは必要なことである）。その後、何度もチャレンジして望ましい発音ができるようになった時、大きな喜びが訪れる。これは机上の空論ではなく、筆者が現実の教室で繰り返し実証済み（pp. 204–211 の「生徒・学生の声」を参照）なので、読者も勇気を持って、一歩踏み出して欲しい。発音指導に限らないが、教師として、「生徒に嫌われないこと」自体を目的にするほどダメなことはないのだ。

　最後に、2007 年度の「英語科教育法」受講生のひとりのコメントを引用しておく。

> 私は中学でも高校でも、一度も発音を注意されたことがありません。だから私は自分の発音はそれでいいのだとずっと思っていました。この授業で靜先生に直されて初めて、私は自分が 6 年間ずっと間違っていたことを知りました。言われなければ生徒は気づきません。きちんと注意してくれる先生が本当に貴重だと思います。

第 2 章
音声指導の大技・小技

本章では具体的な音声指導法を紹介してゆく。

1. can do と will do

　まず根本的に、音声指導は 2 つに分けて考える必要がある。それは「できる」ようにする指導と、「する」ようにする指導だ。「できる」ようにする指導とは、発音に注意を集中した状態で、ある特定の音が単独(あるいは 1 つの単語の中)で、とりあえず発音「できる」ようにするまでの指導だ。

　「できる」ようにする指導は、主要な音に関して実はそれほど難しくない。かなり手間がかかるのは /r/ など、ごく一部である。舌先が歯茎につかない /r/ の音が一回の指導では出せるようにならない生徒はクラスに必ず数名はいる。しかしいつまでたっても出せない生徒はクラスにひとりもいない。きちんと、かつ根気よく指導すれば中学生でも高校生でもそして大学生でも誰でも必ず出せるようになる。

　それを達成するための手法というか「言葉による表現」はさまざまであって良いと思う。「唇を丸めた感じで」「舌先を歯茎につけないようにしてゆっくりと」などが代表的だろうが、他の表現が有効なこともある。どういう表現が最も有効か、というのは教員各自が試行錯誤すれば良いし、たどりつく表現が異なっても構わないと思う。

　以下では、主要な音が発音「できる」ようにするための私のテクニックをいくつか紹介する(以下のエクササイズについては、ジャパンライムか

ら発売されているDVDセット『英語発音の達人ワークアウト「Englishあいうえお」』(http://www.japanlaim.co.jp/) により詳しい)。

2. Englishあいうえおエクササイズ

　これは、英語の子音をトレーニングする時には日本語の母音と、英語の母音をトレーニングする時には日本語の子音と組み合わせるテクニックである。

　例えば子音/f/をターゲットにするのであれば、fa fi fu fe fo (ファ フィ フゥ フェ フォ)、/r/であれば、ra ri ru re roと言わせる。母音/æ/をターゲットにするのであれば、æ kæ sæ tæ næ hæ mæ...などと言わせる。

　こうして子音と母音を切り離すことには2つの意義がある。1つは難度を下げることである。子音も母音もいきなり日本語と違うものを発音するのはなかなか難しい。経験的にも、/ræ/をいきなり言わせるのは至難の技である。そこで/r/は日本語のアイウエオと組み合わせて徐々に慣らし、/æ/のほうは日本語のさまざまな子音と組み合わせて慣らし、両方慣れたところで初めて合体させる、という趣旨だ。

　もう1つは、英語の子音を聞き慣れた日本語の母音と組み合わせると、英語子音の「聞き慣れなさ」が目立つし、英語母音を日本語の子音と組み合わせると、英語母音は「確かに日本語の母音とは違うな」と強く感じさせることができることである。「エァ ケァ セァ タァ ネァ...」は確かに「ア カ サ タ ナ...」とは違うのだ。

　気をつけたいのは、なるべくさまざまな音声環境で練習させるということである。va vi vu ve voなどは、語頭に子音が来た時の練習であるが、子音が来るのはもちろん語頭だけではない。語尾に来る場合の練習をさせるには、av iv uv ev ovとするし、語中の練習は、ava avi avu ave avoなどとする。語中に関しては、子音の前に来る母音が5通りで後に来る母音が5通りなので合計5×5＝25通りあるので、次のようなチャートで練習させるとよい。

```
┌─────────────────────────┐  ┌─────────────────────────┐
│    母音にはさまれるV    │  │    母音にはさまれるR    │
│                         │  │                         │
│  あ          あ         │  │  あ          あ         │
│  い          い         │  │  い          い         │
│  う    V     う         │  │  う    r     う         │
│  え          え         │  │  え          え         │
│  お          お         │  │  お          お         │
└─────────────────────────┘  └─────────────────────────┘
```

　また、/r/, /l/ に関しては、R から L に切り替えたり (rally)、逆に L から R に切り替えたり (Larry) する単語がたくさんあるので、切り替えを取り出して次のチャートで集中的に練習しよう。なお、R のほうのフォントが丸いのは、「R は唇を丸めて突き出す」というメッセージだ。例えば、R から L への切り替えなら、RaLa　RaLi　RaLu　RaLe　RaLo (子音の前は「あ」に固定しておいて、子音の後ろを「あいうえお」と変化させる) から始めて、最後は RoLa　RoLi　RoLu　RoLe　RoLo まで行く。

```
┌─────────────────────────┐  ┌─────────────────────────┐
│    RからLへの切り替え   │  │    LからRへの切り替え   │
│                         │  │                         │
│  あ          あ         │  │  あ          あ         │
│  い          い         │  │  い          い         │
│  R う    L   う         │  │  L う    R   う         │
│  え          え         │  │  え          え         │
│  お          お         │  │  お          お         │
└─────────────────────────┘  └─────────────────────────┘
```

　こうすれば、really (RiLi の応用)、rolling (RoLi の応用)、rally (RaLi の応用)、ruling (RuLi の応用)、chorella (ReLa の応用) などの語が徐々に発音できるようになる。

3.　English 五七五エクササイズ

　これも、「日本語の中に部分的に英語を配置することにより、その部分の

英語らしさをより明確に意識させる」という考えに基づいた練習である。題材としては日本語の文を用い、その中の特定の子音だけを英語子音を用いて発音する。例えば次のようなものだ。

---

1. Fの練習（下線部に /f/ を使用）
    ゆう__は__んに　__ふ__ろ__ふ__きだいこん　__ふ__う__ふ__うと
2. Vの練習（下線部に /v/ を使用）
    お__ば__さんの　こう__ぶ__つ__ぶ__っかけ　__ぶ__たどん__ぶ__り
3. 無声THの練習（下線部に /θ/ を使用）
    __さ__ようなら　__せ__ん__せ__いみな__さ__ん　また__あ____し__た
4. 有声THの練習（下線部に /ð/ を使用）
    __じ__かんわり　__ぜ__ん__ぶ__まちがえ　__ず__っこけた
5. Rの練習（下線部に /r/ を使用）
    あぶ__ら__もの　と__り__すぎみ__る__みる　ふと__り__すぎ
6. Lの練習（下線部に /l/ を使用）
    あぶ__ら__もの　と__り__すぎみ__る__みる　ふと__り__すぎ
7. Sの練習（下線部に /s/ を使用。/ʃ/ にならないように）
    __し__んかんせん　__し__んおおさかまで　__し__ていせき
8. Zの練習（下線部に /z/ および /s/ を使用。/dʒ/ あるいは /ʒ/ あるいは /ʃ/ にならないように）
    お__じ__いさん　お__し__んこか__じ__って　__じ__ゆうせき

やってみるとわかるが、これは非常に滑稽で楽しい。しかし、これがなぜ滑稽に感じるのかを分析的に考えてみることは価値があることである。それは我々日本語母語話者が、日本語の題材の一部を非日本語の音を用いて発音されるのを聞くと、母語話者の直観として「日本語じゃない!」と感じ、それがおかしみを誘うのだと考えられる。すなわち、日本語母語話者に聞かせて笑われたということ＝その部分を非日本語音にすることに成功している＝（おそらく）英語音にすることに成功している、ということなのだ。

例えば、ペアワークとして、Aさんが所定の文を (1) 英語音を用いて、

あるいは (2) 本来の日本語音を用いて、発音し、その意図がどちらであるかを B さんが当てる、というものが可能だ。上の 5 と 6 は同じ文（あぶらもの...）を用いて片方は R バージョン、片方は L バージョンであるが、それにさらに日本語バージョンを加え、その 3 つのうちのどのバージョンとして発音しているのかを当てる、のはチャレンジングだが効果的な練習になる。

4.　English 三三七拍子エクササイズ

　ゆっくりであれば何とか発音できるが素早くは発音できない音を、徐々に素早く発音できるようにして、会話の中でも使えるようにするために有効なエクササイズである。要は、徐々に素早く、何度も言わせればよいのだが、調子よく練習するために、三三七拍子にしてみた。

　特に th に適している。th は「舌を噛んで発音する」というやや大げさというか行きすぎた指導がなされるため、舌のアクションが大きくなりすぎて、結局実際の会話中では使えていない人が教員の中にもいる。必ず舌先が前歯に接触することを確認しながら、徐々にスピードを上げて次のフレーズを発音してみよう。ペアになって、相手が適当に合いの手を入れると良い。以下で（　）内は合いの手。

THANK YOU

　Thank you.　Thank you.　Thank you.　（Hey!）
　Thank you.　Thank you.　Thank you.　（Hey!）
　Thank you.　Thank you.　Thank you.　Thank you.　Thank you.　Thank you.　Thank you.（Hey!）

3 + 3 = 6

　Three and three is six.　（Hey!）
　Three and three is six.　（Hey!）
　Three and three and three and three and three and three is eighteen!（Hey!）

WITHOUT YOU

without; without; without　(What?)

without; without; without　(What?)

without; without; without; without; I can't live without you!　(Oh!)

WITH YOU

with you; with you; with you　(What?)

with you; with you; with you　(What?)

with you; with you; with you; with you; I want to be with you!　(Oh!)

　最後に、以上の三三七拍子は、「正確に言える最大限のスピード」を向上させるトレーニングであって、不正確な速さは意味がないことをもう一度強調しておきたい。

5. 言い分け・聞き分けエクササイズ

ミニマルペア・エクササイズ

　ミニマルペア(1ヵ所だけ音が異なっている一対の語)は昔から聞き取り訓練に利用されていたが、ここではミニマルペアを用いて発音と聞き取りを組み合わせ、それをペアワークにしてみる。

ペアワークのやり方:

1. ペアになったふたりは同じ方向を向いて縦に並ぶ。縦に並んだ状態で、

後ろにいる人（相手の後ろ姿が見えている人）が「言い分け役」、前にいる人（相手が視界に入らない人）が「聞き分け役」になる。
2. 「言い分け役」は、ペアの語(句)のうち、任意の一方を発音する。その際、あらかじめ決めておいたほうの手を挙げてから行う（例えば、rock なら右手、lock なら左手、などと決めておく）。
3. 「聞き分け役」は、「言い分け役」の発音を聞いて、ペアの語句のどちらであるかを判断し、それに従って右手あるいは左手を挙げる。
4. 「言い分け役」と「聞き分け役」の同じ側の手が挙がるようになるまで繰り返す。

ミニマルペアの例

初級（単独）	上級（子音連結）	文中で
right / light wrong / long reader / leader room / loom ran / LAN など	free / flee crowd / cloud fruit / fluit grad / glad crash / clash pray / play など	My mother is frying it. / My mother is flying it. His mouth is big. / His mouse is big. The crowd is very big. / The cloud is very big. など

本物・偽物エクササイズ

　上のミニマルペアはペアのそれぞれが実在する英単語だったが、同一の英単語の、「英語として本物の発音」と「カタカナを使った偽物の発音」を組み合わせてペアワークをすることもできる。例えば right と「ライト」を組み合わせて、どちらの発音をしているかを問題にするのである。

　おそらく ALT はこのエクササイズに難色を示すと思われる。「貴重な授業時間を使って敢えて誤ったカタカナ発音を言わせるのは無駄だ」と直接言われた経験もある。しかし我々日本人英語教師にはそのような批判が的外れであることはすぐわかる。

　英語としては誤っているカタカナ発音は、実は外来語という日本語の一部であって、生徒の周りにすでに存在しているのである。だからそれを教室で敢えて取り上げて発音させても、すでに強固に存在している「カタカナ語」を発音しているに過ぎず、何ら害はない。カタカナ発音をこの世か

ら追放することは無理だし、そんな必要もない。日本人なのだから日本語で話している時に挟む外来語としては、「ライトがね...」とカタカナ発音をすればよいのである。必要なのは、日本語として発音する時は「ライト」と言い、英語として発音するときは right と「言い分けられる」(code-switch できる) ことなのである。

また、外来語としてカタカナ語になっていない英単語の場合であっても、このようなペアワークを行うことにより、どのような発音が「本物」で、どのような発音が「偽物」か、を常に意識するよう仕向けることができる。

ペアワークのやり方:

「言い分け役」が、ターゲット語を、「本物バージョン」もしくは「偽物バージョン」で発音する。本物バージョンとはきちんとした英語発音、偽物バージョンとは、日本語のカタカナを使った発音である。「聞き分け役」は、発音された語の音を判断し、「本物!」もしくは「偽物!」と叫ぶ。「言い分け役」の意図が「聞き分け役」に伝わるようになるまで繰り返す。

なお注意だが、「偽物バージョン」とは言っても、単語やフレーズ全体をまったくの日本語にしてしまうと余りにも見え見えなので、よく日本人にとって問題となる音のみを変えるようにする。

本物	偽物
without	wiざうt
I love you.	I loぶ you.
Thank you.	せんきゅー
Very good.	べりー good.
teacher	teaちゃー

6. ポンポン・メソッド (PPM)

音節を o で表記

ポンポン・メソッドとは、英語の強勢パタンを意識するトレーニングの1つとして、語、語句、短い文を構成する音節を表すために、第1強勢を持つ音節を表す大きなマル (O=キーボード上ではアルファベットのオーの大文字がよいだろう) と、小さなマル (o=同じく、オーの小文字) のみ

で表記し、かつそれを大声の「ポン」とやや小声の「ポ」という音声で発音してみる方法のことである。「ポン」と「ポ」の区別は、英語では強勢を受ける音節は「長く、強く、高く」、強勢のない音節は「短く、弱く、低く」なる現象に対応してのことである。

念のため言っておくと、ポンポン・メソッドという名称は私が考えたものなので、英語教授法辞典などには（まだ）載っていない。第１強勢を受ける音節を O、それ以外の音節を o で表記する方法については、Hewings, M. (2004), *Pronunciation Practice Activities*, CUP からヒントを得た。

何だ、従来からやっていた第１強勢に（′）をつける方法と変わらないじゃないか、と思うかも知れないが、それは違う。このポンポン・メソッドは、どの部分を強く発音するかに加え、その語・フレーズがいくつの「ポン」すなわち音節から構成されているかを生徒に明確に意識させる効果がある。そして音節の数を意識することは、英語（語でも語句でも文でも）を英語らしく発音する上で極めて重要なことなのである。

音節数を意識することの意味

例えば、key も club も France も Smith も strength も、「ポンポン変換」するとすべて等しく "O" になる。これは感動的ではないだろうか。つまり、英語がよって立つ Pon-Pon Paradigm（ポンポン・パラダイム＝ポンポン的考え方）の中では、key = club = Smith = France = strength だ、という意味なのだ。デフォルト日本人にとってはショックである。これらの語は彼らにとっては、キー（２拍）、クラブ、スミス（３拍）、フランス（４拍）、ストレングス（６拍）であり、長さやリズムがまったく違うのであるから。

実際、生徒は放っておくと club を ku-ra-bu、Smith を su-mi-su のように、いずれも ○oo というパタンで発音する。strength に至っては、su-to-re-n-gu-su で、○oo ooo のようだ。これをいずれも英語らしく１音節で発音させる秘密兵器がこのポンポン・メソッドである。

〈例〉
教師：はい、この club は、ポンポンいくつ？
生徒：１つです。
教師：そうだね、key と一緒だ。じゃあそれらしく言ってみよう。はい、

ポン！
生徒： ポン！
教師： そのイメージで、club!
生徒： club!
教師： 同じように、ポン！ strength!
生徒： ポン！ strength!

基本語をポンポン・パタンから眺めると

　このように、まず手始めとして、子音連結を含む1音節語をきちんと1音節語らしく発音させる手助けができる。次に、音節数と強勢パタンが異なる単語群を、ポンポン・パタンごとにまとめさせると良い。まず基本中の基本から。アルファベットの26文字の名称の発音をポンポン変換した時、たった1つだけ「仲間はずれ」が出るが、どの文字か？ Wである。これだけOo（発音によってはOoo）で、後はすべてOと1ポン語である。「だからFもHもMも『ポン！』と1拍で発音しよう。E-HUじゃないよ、エf!　E-I-CHIじゃないよ、エイch!　E-MUじゃなくてエm!」とやると良い。

　英語の数のoneからtenまでの間で、ポンポン・パタンが他と異なるのはどれか？ そう、sevenである。これだけOoで、後はすべてOだ。この認識が、「ファイブ」「シックス」というドカタカナ英語を矯正するのに役立つだろう。同様に、elevenからtwentyまでをポンポン変換してみると、Oが1個、Ooが1個、oOが6個、oOoが1個、ooOが1個あることがわかるはずだ（注： seventeenのように第2強勢がある音節を持つ語の場合、単純化のため、第2強勢と無強勢は表記上の区別はしないことにする）。

　では曜日ではどうか？ SaturdayだけOooで後はすべてOoだ。月の名前は？ January (Oooo)、February (Oooo)、March (O)、April (Oo)、May (O)、June (O)、July (oO)、August (Oo)、September (oOo)、October (oOo)、November (oOo)、December (oOo)で、さまざまであることがわかる。生徒に名前とポンポン・パタンのマッチングをさせるとおもしろい。

　次は judge, electrician, politician, artist, carpenter, receptionist, librarian, chef, dentist, astronaut, nurse, doctor, psychologist という13の職業名

称をポンポン・パタンごとに分類してみて欲しい（Hewings, 2004, p. 111 を参考にした）。正解は次の通りである。国名なども同様に分類できる。

O	Oo	Ooo	oOoo	ooOo
judge	artist	carpenter	receptionist	politician
chef	dentist	astronaut	psychologist	electrician
nurse	doctor		librarian	

こうして、ポンポン・パタンが等しい単語を縦に並べてみると、今まで見えていなかったものが何か見えてくるような気がしないだろうか（私には、する）。整理した後はやはり、ポン！ judge, chef, nurse. ポンポ！ artist, dentist, doctor. ポンポポ！ carpenter, astronaut. のように、ポンポン・パタンの音声イメージを先行させてから実際の語を発音させてみよう。

本文中の語をポンポン分類

今度は、教科書の本文中に出てくる主要な語を、ポンポン・パタンごとにまとめることを考える。試しに "The Foolish Frog" という寓話の冒頭：

Once upon a time, a big, fat frog lived in a tiny shallow pond. He knew every plant and stone in it, and he could swim across it easily. He was the biggest creature in the pond, so he was very important. When he croaked, the snails listened politely, and the water beetles always swam behind him. He was very happy there.

に使われている語をポンポン分類してみよう。

O	Oo	oO	Ooo
once	plant	tiny	easily
time	and	shallow	upon
big	stone	every	across
fat	swim	biggest	behind
frog	croaked	creature	
lived	snails	very	oOo
pond	swam	listened	important
knew	when	always	politely
		happy	
			Oooo
			water beetle

これだけでもいろいろな注意点が見えてくる。まず、(O) の欄の語だが、frog, plant, swim などは放っておくと、3拍や4拍で発音されがちな語だ。lived や croaked もそれぞれの現在形 live, croak と同様、1音節語（生徒には「1ポン語」で良いだろう）だというのは、音読する時のリズムを生み出すうえで非常に大切なことである（ちなみに、want (O) – wanted (Oo) のように、/ɪd/ の語尾で過去形を作る動詞ならポン数が変わる。もし歌詞であれば、want は音符1つ、wanted なら音符2つが対応する）。(Oo) 欄にも、放っておくと平板に読まれがちな単語が並ぶ。「ポンｵ！」と言ってからそのイメージを保ったまま縦に発音すると英語らしいリズムが生み出せるだろう。この本文は平易な英語で書かれているので3音節以上の語が少ないが、大学生でもほとんど適切に発音できない advantage も develop も important, politely と同じ oOo パタンだ、と意識すれば、「アドバンテージ」的な発音は少なくなるだろう。

　高校の授業では、その日扱っている教科書のセクションごとに単語を導入し、意味を確認させることが多いようだが、その際、それぞれの語のポンポン・パタンも確認するというのを是非ルーティーンにして欲しい。私の授業では予習として学生にその日の教材から適当に単語を20ほど選ばせて、定義およびそのポンポン・パタンを書かせてくる。また授業の最初の単語テストでもポンポン・パタンを用いている（キューは定義でそれに当てはまる語を綴り、かつそのポンポン・パタンを大きなOと小さなoの組み合わせで書かせる）。採点は、綴りが合っていれば1点、さらにポンポン・パタンが合っていればもう1点で、単語1つにつき2点満点である。

単語レベルを超えて

　しかしこれで終わりではない。というよりも、実はポンポン・メソッドの真価は、単語よりも大きな単位を扱う時になって発揮されるのだ。まず次の国名と短い決まり文句を、ポンポン・パタンが同じもの同士で組み合わせてみて欲しい。

ポンポン de Matching

- Brazil
- America
- New Zealand
- France
- Germany
- Scotland

- I like you!
- I'm loving it!
- Hi!
- Come in!
- Kiss me!
- Look for it!

　正解は、Brazil と Come in! (oO)、America と I'm loving it!. (oOoo)、New Zealand と I like you! (oOo)、France と Hi! (O)、Germany と Look for it! (Ooo)、Scotland と Kiss me! (Oo) である。

　生徒の中には、英語の単語と単語の間のスペースは読む時にも時間的スペースを空けるものだと勘違いしている者がいる。音読の時に一語一語区切りながら読むのが日本人英語のわかりにくさの一因である。その癖を矯正するためにも、4語の I'm loving it. と 1 語の America のリズムが同一なのだということをグラフィカルに示せる PPM はうってうけなのである。

　ではまた p. 40 の "The Foolish Frog" の冒頭を利用してみる。左のセンス・グループと、右のポンポン・パタンを一致させてみよう。

センス・グループ	ポンポン・パタン
1. once upon a time	A. OoOo
2. in a tiny shallow pond	B. OoOoOoo
3. every plant and stone in it	C. oOoOo
4. swim across it	D. OoOoO
5. the biggest creature	E. OoOoOo
6. always swam behind him	F. ooOoOoO

　こういうタスクを通じて徐々に英語らしいリズムで意識させることができるだろう。解答は 1–D、2–F、3–B、4–A、5–C、6–E である。

<u>大ポンで手拍子</u>

　今度は、ポンポン・メソッドをさらに発展させて、英語らしさの本丸、

stress-timed rhythm（強勢拍のリズム）に迫ってみよう。stress-timed rhythm とは、「大ポン（O）と大ポンの間の長さが、その間の小ポン（o）の数にかかわらず、おおよそ同じくらいに発音されることによって生まれるリズム」のことである。つまり、最初の文、

　　Once upon a time, a big fat frog lived in a tiny shallow pond.
　　OoOoO, oOOOOooOoOoO.

は合計 10 の大ポン（O）から構成されている。この 10 の大ポンをおよそ一定の間隔で発音すると英語の stress-timed rhythm が生まれる（ただし、time の後にはポーズを置くべきなので、実際には、3 つと 7 つに区切る）。次の「ポンポン」を言いながら、「ポン」のところだけ、手拍子（●で表す）を打ってみよう。

　　ポンﾎﾟポンﾎﾟポン　ﾎﾟポンポンポンポンﾎﾟﾎﾟポンﾎﾟポンﾎﾟポン
　　●　　●　　●　　　●　●　●　●　　　　●　　●　　●

　最初の 3 つの●は問題ないだろう。4 つめの●は手を打つ直前に小さく口で「ポ」を言う（a に当たる）。最も注意すべきは、7 つめの●と 8 つめの●の間に小さな「ポ」が 2 回入る（in a に当たる）ことだ。
　これを十分ポンポンで練習してから、やはり手拍子をとりながら、同じリズムで実際の英文を言う練習をする。

　　Once upon a time, a big fat frog lived in a tiny shallow pond.
　　●　　●　　●　　　●　●　●　●　　　　●　　●　　●

frog を思ったより長く伸ばし、lived の母音の i の部分は伸ばし、しかし直後の ved_in_a の部分は急いで処理することが必要なことが理解できるだろう。生徒に音読させる時も、実際に本人に手拍子をさせ、手拍子が大ポンの音節部分に合致していることを確認させることが大切だ。

7. そんなの関係ねぇ！メソッド（SKNM）

　上の「大ポンで手拍子」をさらに発展させて、ほぼどのような題材でも

リズミカルなチャンツが作れてしまうのが、この「そんなの関係ねぇ！ メソッド」である。

　これからいつまで一般の記憶に残るかは不明だが、2007年に小島よしおというお笑い芸人が「そんなの関係ねぇ！」というネタで大ブレイクした。今後知らない人が増えた場合に備えて解説しておくと、海パン姿のスリムだが筋肉質の小島が、ネタのハイライト部分で「そんなの関係ねぇ！」と叫びながら、次の●部分で左手の拳を激しく振り下ろし、かつ左足で床を踏みならす動作をする、という芸である。

　　そんなのかんけーねー　　　　　そんなのかんけーねー
　●　　●　　●　　●　　●　　●　　●　　●

　見てわかるように、この芸のリズムは4拍子である。最初の3拍子に「そ」「か」「ね」を当て、最後の4拍目は拳を振り下ろすのみで特に言葉は当てていない。

　これが意外なことに、英語のリズムの練習にそのまま使えるのである。どうするのかというと、この「そ」と「か」と「ね」の部分に、大ポン（強音節）を合わせた英語のフレーズを、その部分で拳を振り下ろしながら（＝もちろん、手拍子でも何でも良い）言うのだ。

　Martin Luther King, Jr. の "I Have a Dream" スピーチの中の、I have a dream that one day on the red hills of Georgia the sons of former slaves and the sons of former slave owners will be able to sit down together at the table of brotherhood. という文を例にとってみる。その部分だけ切り取っても意味的・文法的におかしくなく、かつ3つの強音節を持つフレーズには、

　　the **red hills** of **Geor**gia
　　the **sons** of **for**mer **slaves**
　　the **sons** of **for**mer **slave** owners
　　will be **able** to **sit down**

などがある（注：slave owners は複合語なので、slave に第1強勢があり owners には第2強勢しかない。よってここでは slave のみを大ポンとす

7. そんなの関係ねぇ！メソッド（SKNM）

る）。これらのフレーズを、「**そんなのかんけーねー**」と同じ要領で、3つの強音節のところで拳を振り下ろして、「そんなの関係ねぇ！」に準じた抑揚で、次のように2回繰り返して欲しい。○の部分は拳を振り下ろすのみで、英語フレーズのほうは「休み」である。

the red hills of Georgia　　the red hills of Georgia
●●　　●　　○　　●●　　●　　○

どうだろう。まさにぴったりではないか。このように同じフレーズを2回繰り返すと調子がいいようだ。さらに、調子をとるために時々「そんなの関係ねぇ！」というフレーズ自体をはさんでもグーである。

the sons of former slaves!　the sons of former slaves!　そんなの関係ねぇ！　そんなの関係ねぇ！　the sons of former slave owners!　the sons of former slave owners!　そんなの関係ねぇ！　そんなの関係ねぇ！　will be able to sit down!　will be able to sit down!

つまり、このように3つの大ポンを持つフレーズならば、何でもこの調子でチャンツになる。

わかる人にはわかってもらえると思うが、これはすごいブレークスルーである。Jazz Chantsなどの既製品に頼らなくとも、その時々の教科書題材の中から「3つの強音節を持つフレーズ」さえ見つかれば、チャンツが自作できるということなのだ。単に音読するよりもずっと記憶に残るし、

何より英語のリズムを常に意識したトレーニングができるのだ。

　さて今は「そんなの関係ねぇ！」を出発点にしたので「3つの強音節」と言ったが、実は3つに限らない。「そんなの関係ねぇ！」は、たまたま最初の3拍にしか文字を当てていないが、4拍子なのだから4拍すべてに文字を当てることももちろんできる。例えば次のように。

　　　そんなのかんけーねーんだよ　　　そんなのかんけーねーんだよ
　　　●　　●　　●　　●　　　　●　　●　　●　　●

　ということは、4強音節でまとまる英語のフレーズも使えるということだ。先ほどは、able to sit down を3強音節のまとまりとして切り取ったが、できるならば together まで含めて、able to sit down together でひとまとめにしたいところであった。それは次のようにして可能である。

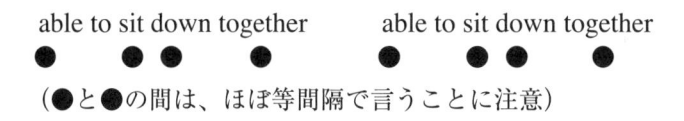

　　　able to sit down together　　　able to sit down together
　　　●　　●　●　　●　　　　●　　●　●　　●

　　　（●と●の間は、ほぼ等間隔で言うことに注意）

　このように4強音節だと、3強音節の時と違って英語フレーズが「休み」の○の拍がないので、英語フレーズを2回繰り返すのがより忙しい分、難度が上がる。そこで次のように、まず3強音節のバージョンを2回繰り返した後に、4強音節バージョンを持ってくるのもよいと思う。

　　　able to sit down! able to sit down! able to sit down together! able to sit down together!

　それではこの後に残ってしまった at the **ta**ble of **broth**erhood のような2強音節フレーズはどう処理したらよいだろうか。3つの方法が考えられる。まず4拍の中で最初の2拍だけを用い、残りの2拍は「休み」にすることができる。

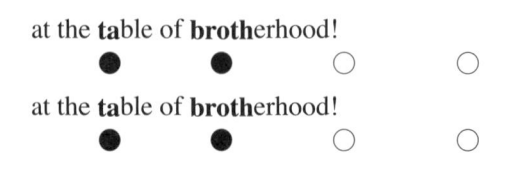

　　　at the **ta**ble of **broth**erhood!
　　　●　　●　　○　　　○

　　　at the **ta**ble of **broth**erhood!
　　　●　　●　　○　　　○

7. そんなの関係ねぇ！メソッド（SKNM）

次に、4拍の中で2回繰り返す、すなわち8拍の中で4回繰り返す方法も可能だ。

  at the **ta**ble of **broth**erhood! at the **ta**ble of **broth**erhood!
    ●   ●   ●   ●

  at the **ta**ble of **broth**erhood! at the **ta**ble of **broth**erhood!
    ●   ●   ●   ●

さらに、意味的におかしくなければ、その直前のフレーズの最後の強音節を、もう一度このフレーズの最初の強音節として再利用してしまうことも可能だ。そうすると最も安定の良い3強音節フレーズになる。

  to**geth**er at the **ta**ble of **broth**erhood!
    ●   ●   ●   ○

  to**geth**er at the **ta**ble of **broth**erhood!
    ●   ●   ●   ○

以上のテクニックを総合的に用いて、上のセンテンス全体をチャンツに変えてみると次のようになる。リズムは同じ行の右側に示す。

I have a **dream**	●●●○
I have a **dream**	●●●○
that **one day**	●●○○
that **one day**	●●○○
on the **red hills** of **Geor**gia	●●●○
on the **red hills** of **Geor**gia	●●●○
the **sons** of **for**mer **slaves**	●●●○
the **sons** of **for**mer **slaves**	●●●○
そんなの関係ねぇ	●●●○
そんなの関係ねぇ	●●●○
and the **sons** of **for**mer **slave** owners	●●●○
and the **sons** of **for**mer **slave** owners	●●●○
そんなの関係ねぇ	●●●○
そんなの関係ねぇ	●●●○

will be able to **sit down together**　●●●●
will be able to **sit down together**　●●●●
together at the **ta**ble of **broth**erhood!　●●●○
together at the **ta**ble of **broth**erhood!　●●●○

慣れれば、どんなテキストでもこのようにチャンツ化できる。

8. will do まで持ってゆくには

　さて、ここまではもっぱら「できる」ようにする指導について書いてきた。以上の手法で生徒はかなりの程度は「できる」ようになると思う。しかし、音声指導で肝心なのはむしろ「できる」ようになった後の、「する」ようにする指導なのである。「する」ようにする指導とは、発音に注意して、単独で、ゆっくりと、という条件下でなら「できる」ようになった音を、「発音自体にそれほど注意を払っていなくとも」「文の中でも」「ある程度のスピードをもって話していても」発音「する」ようになるまで持ってゆく指導のことだ。

　例えば th の音が発音「できる」ようにするのは難しくない。「舌先を前歯に当てて、ほら声を出して...」と言えば、中学生でも 10 人中 10 人が、例えば the という語はすぐ発音できる。ところが英語教員の中でも、自由に話す時に th を含んだ語をどんな時にも 100% th を使って音で発音「する」者は 10 人中 8 人はいないような気がする。私のゼミにいるかなり英語がうまい現職の中学の先生も、「てんぱって」くると something を somesing と言うことがある。つまり「自動化されていない」=「癖がついていない」=「本当には身についていない」のである。

　では、どうしたら発音「する」ように持ってゆけるかと言えば、日本の状況で可能な方法はおそらく 1 つしかない。それは「いつでも音声指導」である。授業中のあらゆる局面で誤った発音を厳しく取り締まり、正しい発音を強制するのである。ここで私は「誤った発音」「正しい発音」「強制する」などの表現を、意識して用いている。最近は「発音に正誤はない」などと言う人もいるが、その時点で目指しているモデルに合っているかい

ないかという意味で間違いなく「正誤」はあるし、教育の本質の1つは間違いなく「強制と矯正」である。

　生徒がいつまでたっても英語らしい英語をしゃべらなくても構わない、と思っているのであれば仕方がない。そういう教師には基本的に愛情がないのだから、つける薬はない。そうではなくて、自分の生徒にはできるならば英語らしい英語を話させてやりたいと考える、愛情あふれる教師なのであれば、「いつでも音声指導」をすべきである。

9.　いつでも音声指導

　「いつでも音声指導」とは、発音が焦点でない活動の時も、発音を「一次審査」項目とし、一次審査に落ちた者は二次審査に進ませる前にはっきりと切り捨てることにより、意識が常に音声にも向くよう仕向けることである。例えば上であげた教育実習生のS君の場合であれば、何かの単語とかフレーズとかを言わせるcriss-crossなどのゲームをしている時、生徒が答えた単語の発音が英語でなくカタカナであったなら、その時点で、伝えようとした内容いかんにかかわらずマルにカウントしないでバツとみなす、ということである。答が合っていたら座れるcriss-crossの場合であれば、カタカナ英語で「ブラザー」と言っている限りは永遠に座れない、という状況だ。そうなって初めて生徒は「ああブラザーじゃだめで、brotherか」と思い、brotherと言い始めるのである。

　授業観察をして、「ああこれじゃダメだな」と思う典型はいくつかあるが、その1つが、文法の授業とかライティングの授業などで、生徒がひどい発音で例文を音読しても、教師が何も言わずそのまま流すのを見た時である。それは非常に罪なことだ。「それでいいのだよ。それが英語だよ」という誤ったメッセージを暗黙に刷り込んで、生徒の時間をどんどん無駄にしてゆく。

　さあちょっと発音を練習しましょう、と言って(多くの場合)単語レベルの発音練習をし、その後、本文の音読や、本文理解や、問答練習や、ライティングの活動に移ってからは「発音」の「は」の字も出さない、ということであれば、断言するが、生徒のインチキ英語は永遠にインチキのまま

である。喩えて言えば、「文法」の授業だけで文法の話をし、リーディングやライティングやスピーキングやリスニングになったらまったく文法を無視する、のと同じくらい馬鹿げた非効率な態度だ。

　「いつでも音声指導」を提唱すると、「そんなことしていたら授業が進みません」と言う人が必ずいるのだが、そういう人は二重の意味で誤っている。第一に、「インチキ英語」のままそれ以上進んでも意味がない。意味がないを超えて、他人の人生の貴重な時間を無駄にする罪な行為である（シー・アーチン事件のS君の発音を中・高・大誰も直さなかったことで、S君は sea = she だと固く信じて10年以上を過ごした）。

　第二に、もし発音の矯正と授業の内容面が両立しなかったとしたら、それは授業のシステムが悪いからである。第6章で詳しく説明するグルグル授業を代表として、授業の中で何らかのパフォーマンスをさせてその場でそれを評価・採点するシステムを採用しておきさえすれば、生徒の音声行動（＝発音の質）はガラリと変わり、授業はどんどん進む。

　別に難しいことをする必要はない。授業中に答が合っていたら何らかの形でご褒美をやる（例：言葉でほめてやる、シールをやる、座るのを許す、点数をやる）とか、逆に間違っていたら罰を与える（例：言葉でダメだという、立たせる、座らせない、点数をやらない）という実践をしている人は多いと思う。その実践をそのまま継続しながら、ただし今度は褒美か罰かの判断基準に、内容が合っているかだけでなく、発音も英語になっているか否かを加えるだけでいいのだ。実に簡単である。騙されたと思って、是非一度お試しあれ。生徒にだって先生が自分たちの発音をより良くしたいと思ってそういう工夫をしてくれているのはすぐわかる。生徒も楽しんで乗ってくる。

　発音が活動の焦点でないからこそ、発音でもチェックすることが必要なのである。そうすることによって、発音のためにその生徒が必要とする注意資源の量が徐々に減ってゆき、発音が焦点でない活動の時にも正確な発音ができるようになるのである。

10. 音声訓練としての歌

そして、「する」ようにする指導としても、「できる」ようにする指導としても非常に好適なものの1つに、英語の歌を歌わせることがある。

注意資源の強制的減少

まず、歌わせることが、きちんと発音「する」ようにする指導として有効なのは、発音自体に向けられる意識が少ない状況が作り出せるからだ。歌う時にはメロディも意識しなくてはならないので、単なる音読（例えば歌詞の音読）に比べて、きちんと発音するのがより難しい状況になる。そのような割り当て可能な注意資源がより少ない状況でもきちんとした発音をしようとする訓練を繰り返すことで、徐々に、発音自体に必要な注意資源の量が減ってくる（＝あまり意識しなくともきちんと言えるようになる）と考えられる。

私はしばしば発音テストの題材として歌を選び、実際に歌うことを求めるが、以前ある学生（大学生）が、「先生、歌で発音をテストするのはやめてください。発音に集中できません！」と授業の感想に書いてきた。私は「いいえ絶対にやめません。発音に集中できない状況での発音があなたの本当の発音だからです」と回答した。

なお、発音上達のためには発音自体に向けられる注意資源が徐々に減るような状況を課さねばならないのは、歌を使わない時でも同様である。ある音（例えば /r/）が単独の語の中で発音できたら、フレーズの中で言えるようにする。フレーズの中で言えるようになったら、センテンスの中で言えるようにする。センテンスを見ながら言えるようになったら、read-and-look-up の状態でもきちんと発音できるようにする。自分のペースで read-and-look-up して言えるようになったら、今度はシャドウイングしながら、録音のスピードに追いつきながらでもきちんと発音できるようにする。

このようにタスクのレベルが上がるごとに、個々の発音に割り当てられる注意資源が減る。よってレベルを上げた当初は新しいタスクの中ではきちんと発音できないことが多い（例：単独の語では言えても、フレーズになると言えない。自分のペースでは言えても、シャドウイングでせかされ

ると言えない)。その時に大切なのは、あるタスクでできないことは、最終的には必ずそのタスク内でできるようにしないといけないということだ。フレーズで言えなかった時に、言えなかった単語だけ言い直させても無駄である。単独の単語では言えてもフレーズになると言うだけの技能がないから、フレーズになると言えないのである。まず単語を言い直させたら、次にフレーズの中で戻って言えるようになるまで訓練しないと上達しない。

音節と音符の深い関係

　次に、英語の歌を歌わせることが、「できる」ようにする指導として有効なのは、それが英語を英語らしく発音する訓練、とりわけ不要な母音を付加せずに英単語を発音する訓練に通ずるからである。

　ご存じのように英語の音節の基本構造はCVC(子音＋母音＋子音：閉音節と言う)であるのに対し、日本語のそれはCV(子音＋母音：開音節と言う)である。よってデフォルト日本人は英語を発音する際にもその母語の癖が入り込み、stripe (CCCVC)という1音節語も、sutoraipu (CVCVCVVCV)という5音節語として発音しがちなのは誰でも知っている。

　そこで登場するのが音符である。メロディを示す音符は歌詞の音節と基本的には対応するように作られている。つまり歌詞にstripeという語があったならそれには1つの音符しか割り当てられていない。つまりそこは一拍で発音しなければならないのだが、それを日本語的に「ストライプ」と5拍かけていたのでは、字余りになり、メロディから遅れてしまうのだ。

　きちんと訓練されていないデフォルト日本人が英語の歌を歌おうとすると、「英語の歌詞はやたらと忙しい＝歌詞を言い終わらないうちにメロディが進んでしまう」という印象を持つことが多いが、その原因はこれである。カラオケの英語の歌には歌詞にカタカナでルビがふられている。敢えて英単語の代わりにあのルビを見ながら歌おうとすると、確かに英語の歌は忙しい。私でも油断すると遅れがちになるほどだ。要するに「カタカナ英語」で英語の歌を歌うのは無理なのである。

　例えば、アメリカ合衆国の国歌「星条旗よ永遠なれ」(The Star-Spangled Banner)の歌い出しの、「ぱんぱぱんぱんぱん〜ん」の部分の1番の歌詞は、O, say, can you see ...だが、2番は、Whose broad stripes and bright stars だ。譜面を見てみると、最初の「ぱんぱ」に当たるのが 1 番では O、2 番では Whose broad である。O を 2 拍で「お〜お」と歌うのはたやすいが、Whose broad を同じ 2 拍で歌うには、「フウズブロオド」式では絶対に無理で、whose も broad もそれぞれ 1 音節語として発音せざるを得なくなる。

　もう 1 つ例をあげる。子ども向けの "Old McDonald Had a Farm"（例の、「イーアイイーアイオー！」という歌）の冒頭の、Old McDonald の部分は、音符が 4 つしかない。よって「オールドマクドナルド」だと完全に字余りで遅れてしまう。何とか追いつこうとすると、「オゥムッダノゥ」と 4 拍で言わざるを得なくなる。これが英語の歌の持つトレーニング効果なのである。

第3章 英語授業の3形態

　本章からは視点を少し変え、音声指導に限らず英語授業一般の形態について大づかみに考えてみたい。英語も日本語もわからない人が日本の学校の英語授業を観察した場合、授業の内容はわからないだろうが、誰が誰に向かって話しているかということはわかるだろう。また、その時話している人が立っているか席についているか、複数の人に向かって話しているか、一対一で話しているか、などは客観的に判定できるはずだ。

　そのような部外者的なマクロの視点から見た時、私が展開する授業の形態は大きく3つに分けられる。

1.　一対多の一斉形態

　1つは「授業」という語から最も普通に連想されるであろう「一対多」の形態である。教師が数十人の生徒の前に立って説明したりデモンストレーションしたり、時には生徒を指名して答えさせたりする。この形態の特徴は、どの瞬間を切り取っても、発言しているのは（指導者にせよ生徒にせよ）誰かひとりだけだということだ（もちろん、授業崩壊していれば複数が同時に不規則発言しているだろうが、そういう状況は議論の外とする）。

　使用する言語が日本語であろうが英語であろうが、教師が全体に話しかけ／問いかけている時、教師が生徒のひとりに話しかけ／問いかけている時、生徒のひとりが教師に向けて話しかけ／問いかけている時、教師の指示に基づいたデモンストレーションとして生徒Aが生徒Bに向かって話し

かけ / 問いかけている時、いずれも原則として誰かひとりだけが音声を発している。そしてそれを残りの全員が静聴していることが要求される。

英語では teacher-fronted と表現されることもあるこの形態は、多人数を教育する必要がある学校教育の基本中の基本である。ひとりの指導者が少なくとも 10 人、多ければ 40 人程度のグループを率いて何らかの知識や技能を伝授する時に、一対多の形態をまったく利用しない分野は、学問だけでなくスポーツや芸事を含めてもないだろう。

教師が黒板を使って文法説明をしていても、コーラス・リーディングの形で音読の指導をしていても、英語を使ったオーラル・イントロダクションをしていても、英問英答をしていても、訳読をしていても、オール・イングリッシュで行っていても、とにかくひとりの発話を全員が静聴する形式をとっている限り、このカテゴリーに入っていることを意識することが必要だ。

この形態は、指示を全体に与えたり、モデルを提示したり、知識を伝達したりするのを効率的に行うには最も適している。また生徒の発言に何らかのミスがあった場合、適切なフィードバックをすることが可能だ。ペアワークの場合と違って、生徒が誤っても放置されるということがない。

しかしちょうどその裏返しとして、コーラス・リーディングで生徒が一斉に声を出している瞬間を別にすれば、どの時点を切り取ってもひとり以外は沈黙を強いられるという点で、受動的な立場での集中が求められる形態であると言える。そしてそれがなかなかシンドイものだというのは生徒ならば誰でも知っている。構造的に退屈を感じやすい形態なのだ。

いや、生徒だけでなく実は教師にとってもなかなかシンドイ形態である。私がまだ若手高校教師だったころ、オーラル・インタラクション（教科書本文に基づいて生徒と英語で問答することで理解を深めたり、英語を使う練習をさせる活動）を中心に授業を進めていたのだが、生徒全員の注意がこちらに集中していて、用意した話が受けたり問答がうまく進行したりしている時は気分がよいが、理解してもらえず生徒の顔がだんだん曇っていったり、指名しても重い沈黙が続いたりする時には、非常にシンドイものであった。

いわば、舞台に上がって必死に芸をしてもまったく観客に受けないよう

な状態である。大爆笑につぐ大爆笑が起こっているような時は舞台の上の者（芸人・教師）も見ている側（観客・生徒）も楽しいが、雰囲気が重くなってしまうと双方非常につらい形態である。

また、30人、40人というクラスサイズでは、生徒ひとり当たりの実際に英語を口に出してみる時間がほとんどなくなってしまい、言語の習得という点では致命的な限界がある。

教職25年の経験を経た現在は、この一対多の時間は必要最小限で切り上げて、なるべく早く次のペア形態やグルグル形態に移ることを心がけるようになっている。

2. 同時多発言のペア形態

これは、ペアワークやグループワークをしている状態のことである。この形態の長所はなんといっても生徒ひとり当たりの発話量の増大である。一対多形態では、指名された生徒しか発話せず、それ以外の生徒は黙っている必要がある。例えば40人の生徒相手に10分間の一対多活動を実施しても、黙っているその他大勢の生徒も含めて「生徒ひとり当たり発話時間」を計算すれば、理論上の最大値は10分間÷40人＝15秒である。実際には次から次に生徒が発話するわけではないので、せいぜい数秒だ（もちろんコーラス・リーディングなどではこの値は大きくなるが）。

これに対して10分間のペアワークを実施した場合には、クラスサイズにかかわらず、「ひとり当たり発話量」の理論上の最大値は、10分÷2人（ペアだから）＝5分であり、一対多の20倍である。また、パートナーが自分に向かってしゃべるわけだから、今の計算では含めていなかった残りの5分も「広い意味での発話活動に（聞き手として）参加している時間」として算入してもよいくらいであり、そうすると一対多のなんと40倍である。

またこの形態は概して「楽しい」。ひとりひとりが気心の知れたクラスメートとガヤガヤとした喧噪の中（＝緊張感を持たずに済む）で練習できる。ひとりひとりがアクティブな参加者になれるのだ。

そしてその長所のちょうど裏返しとしての短所は、教員のコントロール

が効かない、あるいは効き方が弱くなることである。レベルの低い話だと、授業と関係ない無駄話を始める生徒が出ないとも限らない。教師の「真面目にやれよお前ら、俺はいつでもちゃんと見てるぞ」オーラが弱いと特にそうである。もし幸いそういう不心得な生徒がおらず、みな一所懸命に指示に従う生徒ばかりだったとしても、教師の目・耳が行き届かないので、生徒が「誤り」(文法・語法的な意味での非英語、発音・リズム的な意味での非英語) を生成しても、適切なフィードバックができない。もちろん、ペアワークをしている生徒の間を巡回して耳を澄まし、誤りがあればすかさずダメ出しをすることで、かなりの程度のフィードバックは可能なのだが、一対多状況と比べれば、圧倒的に不徹底になる。

3. 一対一のグルグル形態

そして第3の形態がグルグル・メソッド (GGM) を実践しているグルグル形態である。そんなメソッドは聞いたことがないと思うのも無理はない。この名称は私が考え出したものであるし、その中身も私以外に実践している人はまだいないかも知れないからだ。

グルグル・メソッドとはその名の通り、生徒を大きな輪の形に並ばせ、教員がその内側をグルグルと歩き回りながら、ひとりひとり何らかの「パフォーマンス」をさせてその出来を評価してゆくメソッドのことである。一周して終わりでなく、グルグルグルグルと何周も何周もするので、連続的かつ反復的な個人面接テストの一種であるとも言える。「輪」と言ったが、ひとりずつ順番にテストできて最初の生徒と最後の生徒がつながっているなら、形は四角でもいびつでももちろん構わない。

以前は「盆踊りメソッド」と言っていたこともある。盆踊りのように生徒が輪になり、位置を固定して立っている教師の前をひとりずつ通過してゆく際に面接テストを受ける、というイメージでこう呼んでいた。しかし実際にやってみるとわかるが、教師が動かず生徒のほうを移動させようとすると、どうしても動きが滞ってしまって効率が悪い。車が渋滞するのと同じ原理である。動かないひとりの前を数十人がぞろぞろと移動するより、動かない数十人のそれぞれをひとりがさっさと「訪問」するほうがずっと

スムーズに動く。自然に教師の私のほうが動くようになり、グルグル・メソッドと改称することになった。

関大一中での実践

グルグル授業についてもう少し具体的なイメージを得ていただくために、関大一中での「総合英語」の授業について同校PTA誌『みちびき』2007年度版に寄稿した記事（「『総合英語』：統制された喧噪から生まれるもの」）からの抜粋を以下に掲載する。

> **授業風景**
> 「総合英語」の授業風景は通常の「授業」という概念からかけ離れている。もしあなたが何の予備知識もなく授業開始10分の時点で教室（「英語ルーム」）に一歩足を踏み入れたなら、まずショックを受けるのはその喧噪かも知れない。だいたい生徒がだれも席についていない。テーブルと椅子は教室の前方にあるのだが、30名強の生徒たちは教室の後方（ただカーペットが敷いてあるのみ）に全員立って、なにやら騒いでいる。プロレスの真似をしてじゃれあってるような男子も数名いる。教員はどこにいるかと探せば、生徒の中にいて、ひとりの生徒になにやら言っているようだ。
> 　何じゃこりゃ？　授業崩壊か？　と思ったあなたがさらに観察を続けると、喧噪のなかにもかろうじて秩序らしきものが見えてくる。単にがやがやしていたと思われた生徒たちは、よく見ると全員手に1枚の紙を持ち、なんとなく大きな輪を形成しているようだ。そして教員がその輪の内側をゆっくりと移動しながら、生徒にひとりずつ何かを言わせ、それに対して何か

を言っている。
　教員に何かを言われると、ある生徒はうれしそうに歓声を上げ、またある生徒は不満そうな、あるいは不可解だといった表情を浮かべるが、みな一様に手元の紙になにやら書き込んでいる。
　教員がひとりの生徒の前に留まる時間は短いと1秒、長くて5秒くらいであるので、早ければ1分以内、遅くとも数分で30名の生徒の輪を一周している。その中で時折教員が手に持ったワイヤレスマイクで全員に対してごく短い時間（5秒からせいぜい10秒）何か英単語の発音についての注意を与えるようだ。こういうサイクルが、あなたが授業を観察している40分の間じゅう、延々と、おそらく10数回も繰り返される。

「統制された喧噪」のからくり
　このような無秩序の外見をともないながら実は綿密に計算されたシナリオに基づいた授業進行を可能にするのは、ひとり1枚ずつ渡されている「個人カード」である。これはその日達成すべき発音課題が印刷されている、通常7点満点の実技テスト用紙だ。1つ1つの実技課題を、教員の前で発音し、「マル」をもらえば1点。7つ「マル」をもらえばその日のテストは満点になる。上の授業風景のなかで、生徒が手に持っているのがこれだ。生徒たちは、その日の授業時間（2コマ続きの、正味約90分）内に、できる限り多くの「マル」を獲得しようと努力しているのだ。
　生徒側の目標は、自分のカードに7つのマルを集めることである。そして教師側の目標は、全員のカードに7つのマルを与えることである。これを生徒が30人強いる状況で最も公平かつ効率的に行うために筆者が考案したのが、上で描写した「グルグル方式」（別名、盆踊り方式）である。
　そのエッセンスは、生徒が盆踊りのような大きな輪をつくり、ひとりずつ教員の前でパフォーマンスをしてその合否を判定される、という個別面接試験だ。一度にトライできるのは1項目に限る。この局面では原則としてコーチングは行わず、発音の正否の判定（テスティング）のみ行う。そのワントライで成功していれば、「マル！」と言い、不十分であれば、何が不十分かを指摘（例：Rがだめ、thがだめ、等）する。
　マルと言われた生徒は自分の紙の該当箇所に自分でマルをつけ、マルがもらえなかった生徒はやはり該当箇所に、指摘された事項をメモする。マルをもらった生徒は、次に順番が廻ってくるまでに、次の問題項目を練習する。もらえなかった生徒は、やはり次の順番が廻ってくるまでに、捲土重来を期して、もう一度同じ問題項目を練習する。一度ダメをもらった場合、その項目にすでにマルをもらっているクラスメートに教えを請うたり

コーチしてもらうことは積極的に奨励している。

　初めて見る人に「授業崩壊」と勘違いさせる教室の喧噪の主たる原因はこの、自分の順番を待つ間の自主練習だったのである。（まあ、やんちゃ盛りの彼ら彼女らのこと、関係ない私語で盛り上がっている場合ももちろんあるのだが、自分の順番が廻ってくるころにはまたすぐまじめに取り組む限り、ある程度は大目に見ることにしている。）

　通常の授業であれば、教師がひとりの生徒を指名して何か応答させている時、他の生徒は黙っていることが必要だ。授業の仕組み自体が、そのような静粛性を前提に成り立っているからである。しかしグルグル授業では教員に応答している以外の生徒が静かにしている必要はまったくない。というより、静かにしていてはダメで必死になって銘々がブツブツと練習している必要があるのだ。隣どうしでペアワークをしている場合もあるし、コーチをしている場合もある。

　そしてそのようにある程度の喧噪があったほうが、教員と対面している生徒にとっても都合がいいのである。それは、喧噪が当人の恥ずかしさを消してくれるからだ。周りが静まりかえっていると、自分の発音を周りに聞かれてしまうので、思春期の生徒としては自意識過剰になってしまう場合がある。英語発音の指導にははなはだ都合が悪い。特に筆者の総合英語では発音課題として英語の歌の一部を実際に歌わせることが多い。周りがざわついている状況であるからこそ、筆者の前に来たときには周囲の数人にだけ聞こえる程度の声で安心して皆歌ってくれる。

　結局、グルグル方式の本質は、(1) 時間の許す限り何度でもチャレンジ可能な連続的個別面接テスト、であり、(2) 個人の熟達度に応じて教材が変わる個別学習、であり、かつ (3) 次の面接を待つ間に行う自主トレーニング、である。

　少しイメージが具体的になったところで、このようなグルグル・メソッドを授業形態論的に分析してみよう。まず教師がひとりの生徒の相手をしている時は一対一だ。その時その他の生徒は教師が自分のところに廻ってくる時に備えてぶつぶつと個人練習している。よってその部分は同時多発言である。つまり一対一に同時多発言を合わせたものがこのグルグルの本質なのである。

　一対一の部分で教師の前にいる生徒の緊張度は、クラスメートを相手にペアワークをしている時よりもずっと高く、しかし一対多の状況で指名さ

4. 3形態の長所と短所   61

関西大学第一中学校でのグルグル・メソッド実践風景

れて答える時よりもずっと低いだろう。その生徒は目の前にいる教師にだけ聞こえる声で発言すれば良いだけだし、その声はせいぜい周りの数名にしか聞かれない。他の生徒はぶつぶつ自分の練習をしていて教室は喧噪に包まれているからだ。

　表現を変えれば、授業の中で連続的な短時間個人教授を行っていると言ってもよい。これをうまく機能させるためのポイントが、自分の「番」になっていない生徒たちをいかに遊ばせず、退屈させず、忙しくさせるか、であることは明らかである。そしてそれはタスクの設定次第で十分に可能であることは理解していただけたと思う。

　私の考えでは、グルグル・メソッドは、一対多と同時多発言の良いところを合わせた、ある意味での究極のメソッドであると言ってよい。

4. 3形態の長所と短所

以上の3形態について、特徴を表にまとめると表1のようになる。項目ごとにさらに比較検討してみる。

表1: 授業の3形態の特徴の比較

	一斉	ペア	グルグル
情報伝達効率はよいか	○	×	△
モデルの提示はしやすいか	○	不可能	非効率
生徒発話量は多いか	×	○	○
生徒をコントロールしやすいか	○	×	△
授業の雰囲気は堅いか、柔らかいか	堅い 静か	柔らかい 喧噪	堅柔らかい 喧噪
発音・リズム面でのフィードバックをしやすいか	△	×	○
語彙・文法面のフィードバックをしやすいか	○	△	○
授業内で評価しやすいか	△	×	○
構造的に生徒がやらざるを得ないか	×	△	○

(1) 情報伝達: 一斉＞グルグル＞ペア

情報伝達の効率では一対多の形式に軍配が上がる。しかし単なる情報伝達のために貴重な授業時間を使うのは賢明ではない。教室での情報伝達はプリントでは十分な理解が得られない部分だけに絞ったほうがよい。プリントにして事前に配って済ませられないか検討しよう。和訳や構文解説ならプリントのほうが効率的かも知れない。

(2) モデルの提示: 一斉＞グルグル＞ペア

　目標とすべきパフォーマンスのモデルを提示するのは一対多形態の重要な役割である。生身のパフォーマンスはプリントで配布するわけにはいかない。目指すべき音読の仕方、発音の仕方などは全員が注視静聴している中で、きちんと提示すべきだ。それを不十分にしたままペアやグルグルに突入してしまうと、後になって同じことを全員に繰り返し言うはめになり、極めて非効率なことになってしまう。

(3) 生徒の発話量: ペア＝グルグル＞一斉

　生徒の発話量の確保はペア・グループあるいはグルグルの役目である。突き詰めて言ってしまうと、言語は使うことでしかうまくならない。黙って教師の解説を聞いているだけでは何年たっても英語は使えるようにならない。授業中はとにもかくにも、ひとりひとりにいかに英語を言わせるか、話させるかを考えるべきである。だから授業時間の多くをペアもしくはグルグルに当てることを考えるべきなのである。おおまかな目安としては、授業時間全体を10として、一斉を2、ペアもしくはグルグルを8くらいが適当である。実際に今の私の授業は大学（英語の授業も英語科教育法の授業も）でも中学でもそのくらいのバランスであり、とても「良い感じ」である。是非試してみることをお勧めする。

(4) 生徒コントロール: 一斉＞グルグル＞ペア

　生徒をコントロールするのは一斉授業が最もやりやすいのは事実である。コントロールというのは、生徒に授業と関係ないことをさせないという基本的なレベルでの話だ。ペア授業やグルグル授業をすすめると、特に若くて経験の浅い教師から、「生徒が勝手なことをしだすのではないかと思って踏み出せない」という不安の声が出ることがある。確かに一斉授業でも生徒のコントロールに苦労しているならペアワークやグルグルワークにして敢えて喧噪を作り出すのに逡巡するのはわからなくもない。しかし、一斉授業だから集中してくれないということもあるのだ。ペアワークやグルグルは、とにかくひとりひとりが主役である。一斉授業では受け身（「かったるそう」）でもグルグルになるとまったく表情が違うというのは私もよく経

験した (p. 196 の生徒の感想を読んで欲しい)。また、グルグルは一対一で向かい合っている生徒に対するコントロール力はもちろん一斉授業時よりもずっと強い。

(5) 授業の雰囲気： グルグル≧ペア＞一斉

　経験から言って、授業の雰囲気がいい、と言うか、ひとりひとりの生徒が活気づくのは断然グルグルである。教師なら誰でも知っているように、クラスにはそれぞれ特有の雰囲気というものがある。同じ内容の授業を展開しても、あるクラスでは大きな声で反応してくれるが別のクラスでは盛り上がらない、あるクラスはペアワークを積極的にするが別のクラスはなんだかやりにくそうだ、等々。これらの「雰囲気」は「クラス」つまり人間集団が総体として織りなすケミストリーの産物である。ひとりひとりは別のムードを持つ場合でも、その特定の集団の中ではそういうムードにならざるを得ない、ということがある。雰囲気が活発でないと教師としても意気が上がらないものである。

　しかし近年、私はそういう悩みを抱えることがほとんどなくなってしまった。なぜかというと、いわゆるクラスの雰囲気というものはあくまで「一対多形態で授業をしている場合の雰囲気」に過ぎないことがわかってしまったからである。

　関大一中の「総合英語」でも、年度によっては2クラスのうち、何をどうやっても片方が盛り上がりに欠ける、という現象があった。何をどうやってももう一方のクラスほど、「乗って」声を出してくれないのである。しかしグルグルワークを授業の中心に据えるようになってからは、それがまったく気にならなくなってしまった。グルグル作業を始めたとたん、がらりと雰囲気が変わることに気づいたからだ。

　小さな声でしか反応しなかった生徒も問題ではなくなる。おとなしい生徒が決して急に活発になるわけではない。しかし、一対多の「静聴注視」の状況下では「声が出ないなあ。もうちょっと大きな声で読んでくれないかな」と思っていた生徒も、一対一になると、普通に聞こえる声で反応することが多い。周りが喧噪に包まれているからかも知れない。誰でも、し～んとしている中でひとりで大きな声を張り上げるのは気が引けるだろう。

極端な例を引く。私は歌が好きだし得意なので、グルグル・メソッドの課題として歌を1ラインずつ歌うということを日常的に課している。中学生でも大学生でも同じである。私が目の前に来たら生徒は歌の規定のライン（歌詞の一行）を歌い、その発音の出来を「合格」「不合格」と判定されるわけである。この話をすると、「中学生／大学生が英語の歌を先生の前で歌うんですか？」といぶかる教師が多い。教科書の音読でさえまともに声を出させるに苦労しているのに、発音テストとして生徒が歌を歌ってくれることが信じがたいようなのだ。

しかしそれこそが同時多発言の中での一対一グルグルの真骨頂なのである。やってみるとわかるが、周りがざわざわしていると、教師にだけ聞こえる程度の声で歌を歌うのは大して恥ずかしいことではなくなるのである。同じことを「静聴注視」の一対多の形態でやらせようとしたら、それは心理的にかなりプレッシャーが大きいし、音痴の生徒には酷だろう。しかしグルグル状況下なら十分可能だ。グルグルは雰囲気をがらりと変えてくれる。

誤りの訂正について

次に誤りの訂正についてだが、それについて3つの形態を比較する前に、誤りの訂正という行為そのものについて確認しておきたいことがある。私は、英語の授業で生徒が誤りを犯したらすぐ指摘するのが当然だ、という前提で話を進める。ところが最近、困ったことに、「訂正」に対して妙に否定的な考えを持った教育者や研究者が多く、その影響で読者の中にも学生時代の英語科教育法の授業や教員になってからの研修で、「誤りは訂正しても仕方ないし、英語を嫌いにするからやめたほうがよい」に類する指導を受けた人もいると思われる。よってこの点についての私の考えを詳述してから論を進めたい。

そもそも、いわゆる Communicative Language Teaching の考え方の1つ、「形式よりも意味の重視」という原則が私はどうにも理解できない。考え方に賛成できないという以前の問題として、「形式よりも意味を重視する」という二元論的な表現自体が論理としておかしい（does not make sense）と思っている。なぜならば、意味を伝える媒体が形式だからである。

つまり意味を伝えるのは単語であり単語の配列であり、またそれらを特定の単語たらしめる音声である。それを「形式よりも意味」と言うのは、「単語やその配列、音声よりも、それらが伝える意味内容」と言うのと同じでナンセンスだ。意味が正しく伝達されるかどうかを重視するということは、すなわちその意味を乗せて運ぶ「貨車」である形式を重視するということに他ならないではないか。意味を重視するなら、形式を重視せねばならない。

　また、意味が伝わるのは必要条件であって十分条件ではない。意味がやっと伝わる程度の形式では形式の質が不十分である。教室は生徒の英語のレベルを少しでも向上させようとする営みの場である。スピーキングでもライティングでも、意味がより正確に、よりスムーズに（＝聞き手や読み手が文脈から推測したり、ことさらに集中して想像力を働かせたりせずとも）伝わるように、形式の質を向上させてやるための場所である。

　だから例えば教室でスピーチをさせていて、生徒が音声的あるいは文法的におかしな英語を言ったが、文脈の助けもあって意味は伝わった時、それを不問にして、単なる"Very good!"的なフィードバックで済ますのは、私の考えでは教員の職務不履行だ。実際にそういう授業場面は何度も目にしたが、私に言わせれば生徒がかわいそうである。せっかくそのパフォーマンスをしても、する前とした後で何も変わらないからだ。つまりそのレベルのパフォーマンスが、その生徒の現時点（ビフォア）での実力である。そのパフォーマンスを見たら、さらに1レベル上のパフォーマンスができるには何が足りないか（＝次は何を足せばよいか）をアドバイスしてやる（アフターを示してやる）のが指導者の役目である。それを、単なる内容にフォーカスしたフィードバックしかしないのでは、教室の外の一般人と同じである。

　それではそのスピーチを「教室」で行う価値がない。わざわざ「英語教師」の見ている前で行う価値がない。教室とは読んで字のごとく「教える部屋」であり、生徒が作り出す形式の質がどうしたらもっと良くなるかを教えてやるトレーニング・ルームなのだ。教室を出て現実の世界に出てしまったら、意味がわかるのにその形式についてわざわざアドバイスをくれるような酔狂な暇人はいないのである。意味がわかるのに、より良くなる

4. 3形態の長所と短所   67

ように敢えて訂正してやれるのは教室の先生しかいないのだ。

　だからスピーキングでもライティングでも、生徒が犯した誤りは必ずその場で指摘してやるのが、教員としての当たり前の仕事の一部である。時間をかけてモニターすることが可能であるライティングの場合には、自分でモニターできる力を鍛えるために、教員が訂正してしまわず下線等で誤りがあることだけを示しておいて自力で直させる、等のオプションはある。その場合でもとにかく指摘だけは必ずするべきである。スピーキングに関してはライティングと違って、誤りが出たらその瞬間に「ほら、そこ！」と間髪を入れずに指摘することが大切である。その誤りを犯して何分も経過してから「あの時ね...」とやっても効果は薄い。スピーキングは注意資源を瞬間的に総動員しなければならない技能なのであり、その瞬間に指摘されて初めて「あっ！」と気づくのだ。

　例えば、数多くの教員研修ワークショップで講師を務めた経験から断言するが、現職教員の読者の中にも、英語を話す時に文脈によっては the を「ザ」と発音する人が必ずいる。そのような人に対して「the はティーエイチですから、舌先を上前歯に当てて摩擦音を出すのですよ」などと後から言っても効き目はない。そんな「知識」はもちろんもともとあり、「百も承知」なのである。ではなぜ発音できないかというと、発音にことさら注意（＝大量の注意資源を調音器官の動きに動員する）しないと th が発音できないレベルにいるからであり、かつスピーキングの時は発音に注意ができないからである。そういう人にスピーキングの時に the を the と言えるようになってもらう唯一の道は、その人が the を「ザ」と言ったその瞬間に「ほらそこ、ザと言った！」と指摘して意識化させるという経験を繰り返し、最終的には the と言うために必要な注意資源の量を少なく（＝あまり意識しなくとも the と言うような癖をつける）してもらうことである。

　ということで、誤りの訂正すなわち形式面のフィードバックは教室の大切な営みということを踏まえて授業の3形態を比較してみる。英語の誤りには大きく分けて発音の誤りと文法・語法の誤りがあるので別々に考えてみよう。

(6) 発音面のフィードバック: グルグル＞一斉＞ペア

　発音やリズム面での誤り（発音面での非英語）に対するフィードバックは一斉形態とグルグル形態での仕事であろう。一斉授業の中ではひとりに対するフィードバックを全員に聞かせられるという利点がある反面、指名されている本人以外は自分に対するフィードバックではないからどうしてもフィードバックの印象が薄まる。その点、グルグル授業の一対一局面でのフィードバックはまさに自分に対するフィードバックであり印象も強いだろう。これに対して、ペア授業の中では発音のフィードバックは事実上無理だ。パートナーが発音のミスを適切に指摘して直してくれることは通常は期待できない。

(7) 語彙・文法面のフィードバック: 一斉＝グルグル≧ペア

　語彙・文法面のフィードバックについては少しだけ事情が異なる。一斉形態とグルグル形態ではフィードバックしやすいのは変わらないが、ペア形態でも語彙・文法面のフィードバックが十分に可能になる状況は作り出すことができる。それはペアワークを open-ended な（答えがいろいろ出てくる）ものにせず、答えが必ず１つに決まるものにして、その答えをペアのひとりが持っている状況だ（具体的には第５章を参照）。

(8) 評価のしやすさ: グルグル＞一斉＞ペア

　授業内の評価はグルグルの得意技である。私の経験では、生徒は評価されている時に最も頑張る。誰でもテストでは点を取ろうとする。だから授業中に生徒を最も頑張らせるのは、授業そのものをテストにしてしまうことである。静流の標語は、「授業はテストでテストは授業」だ。すなわち、授業中のすべての活動が逐一評価がでる一種のテストになっていて、授業中の頑張りしだいで 10 点にも 15 点にもなるような仕組みになっている授業が、生徒にとって最もやりがいのある授業なのである。そして、そのテストはそれに受かろうとすることによって実力が伸びるものでなければならない。

　一対多形態でも授業内評価はできる。『英語授業の大技・小技』では「発問即テスト法」として、授業の最初に白紙を配っておき、通常に授業を進

めながら随時、「ここで問題です！」と宣言して発問し、その答を全員それぞれ紙に書かせ、すぐに正解を言って各自採点させ、また授業を進める、という方法を紹介した。授業の最後にその日の解答を各自が集計したものを集めるのだ。

しかしグルグル形態ならばそれに加えて発音や音読やスピーキングの評価ができる。ひとりずつ紙を持ち、教師から「マル」と言われたら自分でマルをつける。活動が終わった時点で獲得したマルの数がそのまま評価となる。非常に単純明快だ。

(9) 生徒のやる気を引き出す： グルグル＞ペア＞一斉

そして「構造的に生徒がやらざるを得ない仕組みになっている」という点が、グルグルがほかの２つと決定的に違う点である。ある時、関大一中のグルグル授業を受けた生徒が「靜先生の授業はゲームみたいでおもしろい」と言っていたと、同僚の田尻悟郎先生から聞かされた。その表現を聞いた時、最初は「ゲームみたい」という部分をいぶかった。なぜならグルグルはいわゆるゲームを教室でやらせるような授業とはまったく対極にある、ある意味ずっと「しんどい」授業だからである。しかし、さらに話を聞いて納得した。「ゲームみたい」というのは、「ゲームマシンのゲームみたいに、『○○面クリア！』というような達成感が得られる明快な仕組みになっている」という意味だったのだ。

グルグル授業では確かに達成感を持たせやすい。「この文がちゃんと言えればマル１つ」「この文がちゃんと言えればマルがもう１つ」などと、やるべきことがはっきりしており、自分で努力した結果「マル！」が獲得できたなら、手元のカードに物理的なマルが増えてゆく。ルールがはっきりしていて努力の結果がすぐ目に見える形で現れる。ゲームの「○○面クリア」でもあるし、スタンプラリーにスタンプがたまってゆくような感覚でもあろう。

子どもだましのようだがそうでもない。中学でも大学でも、さらには成人相手の教員研修でも、グルグルワークの中で苦労した末にマルを獲得した瞬間「よし！」「よっしゃ！」「やった！」「ありがとうございます！」などと実にうれしそうに叫んでガッツポーズをする生徒・学生・参加者は後を

絶たない。ただしそれは、同じ単語の同じ箇所で何度も何度もダメを出されたり、途中でつまったり、さっきまで言えていたフレーズが私に前に立たれたとたんに頭が真っ白になって言えなくなったり、という非常にフラストレーションがたまる経験を繰り返し、そのたびに「あ〜!!」「もう〜!!!」「くそ〜!」などと、己のふがいなさと、どんなミスも大目に見てくれない無情な鬼教師に対する「そのくらいいいじゃない！」という逆恨み (?) がごちゃ混ぜになったような気持ちを何度も何度も味わった後だからこそ訪れる幸福感だということは忘れてはならない。すぐできることができるようになっても人は大してうれしくない。なかなかできなかったことができるようになるから達成感があるのだ。

　　　　　　　　＊　　　　　＊　　　　　＊

　このように英語授業の3形態にはそれぞれ長所・短所があり、それぞれを効果的に運営する勘所がある。次章からはそれぞれの形態に関してさらに詳しく論じてゆく。

第4章 一斉授業の心・技・体

本章では、授業の基本である一斉形態に関連して注意すべきことを論ずる。

1. 予習で和訳などさせるな

まず、次のテストに答えて自己採点して欲しい。

靜流 英語教師実力テスト1：生徒に求める予習

> 問題： あなたは普段、生徒に教科書本文の和訳を書いてくることを求めるか？
> A 当然。基本的な勉強習慣として必ずさせるよ。それは英語学習の基本中の基本だ。
> B 本当はしたくないけど、必要に応じてさせますね。入試の対策は取らざるを得ないので。
> C そんなことするはずないでしょ。日本語を書いて英語の力がついたら誰も苦労しないよ。書くなら英語を書かせるよ。

採点： A＝0点　B＝5点　C＝10点

採点基準から明らかなように、予習作業として生徒が本文の全訳を書いてきているような授業は、靜流ではそれだけでもう十分に失格である。和訳をすることで、自分がどこがわかっていないかがより明らかになることは確かにあるが、この作業にはその利点をはるかに超える大きさの欠点が

あるのだ。英文和訳はいわば英文から出発して日本文に到達して終わる作業なので、意識が最後のプロダクトつまり日本文に集中し、英語自体が記憶に残りにくい。また日本語を書きつけるという作業は非常に時間がかかる点も問題だ。時間がかかりすぎて、他の作業（英語学習）ができない。

　予習段階、つまり英文の理解が不確実である段階で、間違っているかも知れない和訳を長い時間をかけて書かせるのは絶対に避けるべきである。この段階でさせるのは、自分の力で（適宜、英文の構造を可視化するのに役立つ自分なりの記号や下線や矢印等をつけながら）読んで意味を把握しようと努力し、構造もしくは意味が理解できたという確信のない部分をはっきりさせる、というところまでがよい。訳文を書きつけないと英文を読んだ気がしない、勉強した気がしない、逆にそれをすると英語の勉強をしっかりした気がする、というような生徒をいったん生み出してしまうと悲劇だ。その意識から脱却しない限り、その生徒の英語力は「使いもの」になるレベルには永遠に達しない。

　訳文を書かせないとして、それで「浮いた」時間を何に使うかというと、すでに意味のわかった「英文」を書くこと、および音読することである。意味のわかった英文というのは、すでに授業で扱った本文つまり復習部分の本文である。この本文を時間の限り（1）筆写し、（2）音読する、のがベストである。

　筆写といってもコツがある。写経でもあるまいし、本文をチラチラと細切れに見ながら単に機械的に書き写しても、もちろん無意味である。本文の英語を自分のものにするために、また本文のような英語が自分でも書けるようになるためにする筆写なので、最終的にはすべての文について、1センテンス全体を覚えて何も見ずに一気に再生できることを目標にすべきである。そこに到達するまでには、センス・グループごとに頭に入れて暗写することが必要だ。

　音読のほうも同じである。単なる「声帯の運動」以上のものを意図するのであれば、筆写の場合と同じように、1センテンス全体をぱっと見て一瞬頭に入れ（＝ワーキング・メモリに格納し）、顔を上げて目の前に誰かいることを想像してその誰かに向かって一気に言えるように練習すべきだ。

　それから「入試で和訳が出るから和訳作業は課さざるを得ない」という

主張についてだが、必ずしもそうとは言えない。逆説的だが、和訳ができるようにするための最良の方法は和訳の練習をさせることではないからだ。では何が最良かと言えば、文字チャンネル（リーディング / ライティング）および音声チャンネル（スピーキング / リスニング）での、受容的な語彙力・文法力、産出的な語彙力・文法力のすべてを鍛えて、全体的な「英語力」をレベルアップすることである。英文を読んで意味が正確にとれるようになれば、それを和訳するのは、日本語ネイティブ・スピーカーにとってそう難しいことではない。

2. 訳は先に渡せ

靜流 英語教師実力テスト2：訳先渡しに対する態度

> 問題：どういうわけか、あなたがこれから授業をしようというクラスの生徒たち全員の手元には、和訳が渡っている。それに加えて内容理解問題の答（空所補充なら空所に入る単語、TFなら、TなのかFなのか等）もすべて何者かが印刷して生徒に配ってしまっている。この状況に際してのあなたの反応に近いのは次のうちどれか？
> A 誰だそんなことをした犯人は?! そんなことをされたら授業が成り立たないよ。見つけ出してとっちめてやる。
> B え?...そう。じゃあ種明かしはもうされちゃったのね。できれば自分の力で読み解く喜びを味合わせたかったけど、今回は仕方ないな。じゃあ音読をたくさんしようか。
> C ありがたい！ それは好都合だし手間が省けた。だったら内容理解にかける時間を言語活動にまわせるな。

採点：A＝0点　B＝5点　C＝10点

　私の経験では、訳先渡しに対する態度で、その教師の授業はだいたい想像がつくし、力量もおおむね判定できる。「常に訳を先渡しする」のには抵抗を感じる、くらいなら良いが、訳が先に渡っているのでは通常行っているほとんどの授業内の活動が成り立たなくなるならば、その教師は典型的な困った教師だ。授業内の活動が、自分のみが持っている「答」（＝正しい訳）を少しずつ生徒に分け与える作業なので、最初から生徒が「答」を持っ

ているのでは、自分が授業にいる価値がなくなってしまうので大きな脅威を感じるわけである。

　訳先渡しが良いというよりも、筆者の考える理想的な教科書は、最初からすべてが左右対訳になっていて、かつ必要な文法解説等もすべてついているものである。これであれば日英を照らし合わせるという最も強力な武器を活用し、英文の理解を最短時間で達成できるのでインプットの量が稼げる（自分の力で辞書を引きつつ読むのに比べておそらく数倍以上の量がこなせる）し、その英文の言語材料を身につけるために時間を使うこともできよう。

　授業では常に「生徒が訳をすでに知っている」状態でもまったく問題ないような作業を行うべきである。

3. 英文和訳と入試

　本書の主たるテーマはテスト問題ではないのだが、高校の授業で和訳をどう扱うかということは、現実には大学入試問題のあり方と切り離しては論じられない。私個人は和訳の一定の意義は認めつつ、大学入試に出題することに対しては、弊害のほうが大きいとして一貫して反対の立場をとっている。それに関連して、大阪府立長野高校の平成18年度SELHi報告書に運営指導委員として寄稿した雑文を、以下に再掲する。

京大生A君との対話

靜　哲人

　1月下旬のある晩、「初めまして、ご意見を伺いたいと思います」という件名の長文メールが突然飛び込んできた。差出人は京都大学1年生（仮にA君とする）である。読んでみると、私が井ノ森高詩氏と大学入試問題、特に京大の英文和訳を猛烈に批判した対談記事に対する激烈な反論である。
　彼の主張を要約すると、英語学習の目的は英語で書かれた文書や論文を読んで理解したのを自分の言葉として日本に伝え、かつ日本の理論や思想などを諸外国に伝達できるようになるためである、もちろん日本語力も含めて総合的に育てなければいけないのが英語教育だ、特に京大は抽象思考

ができる生徒を求めているので現在の入試は適切である、というものだった。私が英語で英語を説明させる問題を提唱するのは「難しい作業を避けるためだ」ととらえ、「先生は一体、英語教育をする目的、また、最終的に英語入試を『簡単に』して一体日本の学力レベルをどうしたいのでしょうか」というかなり挑戦的な一文で締めくくられていた。

これに対して私はごくあっさりと、自分は英語教育の目的は英語の運用能力（理解＋表現）をつけることだと考えていること、大学入試を簡単にすることでなく、英語の運用能力を測るような問題を増やすことで日本人の英語レベルを上げたいと考えていることを伝えた。面識のない相手とのメールでの議論に深入りすまいと思ったからなのだが、どっこい、結局それから1週間足らずで彼との間に長文メールがなんと5往復も飛び交うことになった。そうなったのは、大学1年生のA君の論に深いものがあり、また態度に真摯なものを感じたからである。

議論するなかで明らかになったのは、A君は自分の受けた高校の授業には失望していて予備校で初めて英語に開眼したと感じていること、英文和訳ができるようになるためにはいたずらに全訳するのでなく語彙力、構文力、英語感覚など総合的に磨く必要があること、入試を「いいわけ」にして高校教師が全訳中心の授業をするのは「怠慢以外の何ものでもない」と感じていること、自分自身は和訳した下線部などは音読・暗唱するよう常に努めていること、今の（特に私大）入試はいたずらに長文化して「情報過多」であり、「樹を見ず森ばかり見る」読み方を助長していると感じていること、それをくいとめて「樹を見る」よう仕向けるのが英文和訳の効用であると感じていること、等であった。特に「森 vs. 樹」の議論は、私の、「英文和訳は『樹を見て森を見ない』読み方を助長する」という主張とちょうど鏡像関係をなすもので、興味を引かれた。

音読・暗唱に努めるなど、めずらしく望ましい学習ストラテジーを身につけているA君ではあったが、それでも彼のなかでは「英語を和訳する」と「英語を理解する」が未分化であるようだった。そこで、学習段階が進むにつれて「訳すのでなく英語を英語の語順で理解する」という行為が徐々に可能になること、英語を聴くときなど英語の語順で理解できないと永遠に上達しないこと、話したり書いたりするときも一度日本文を作成してからそれを英訳する、という方法は控えめにいって非効率であること等を指摘してみた。

すると突然「気づき」があったらしく、A君のトーンが劇的に変化した。「少し意識が変わりました。英語を身につけるだけなら「和訳」という行為はある種の害でしかないと思います。」「先生とのメールのやり取りで、

僕が和訳を好きな理由がわかりました。それは『日本語を構築することが好きだから』です。違った言語で書かれている内容を、理解し、もう一度日本語で咀嚼し構築する作業が好きなのですね。もう、これは完全に英語の分野ではなく、日本語の分野の話になってきてしまいますね。」「同級生や、塾の教え子を見ていても、日本語力の無い人が多いのです。僕は読書をいっぱいしてきたつもりですが、友人や教え子は本を読む習慣すら持っていません。そんな彼らは、もちろん文章を書くのもままならないことが多く、和訳させても、日本語にならないことが多いのです。そんな中で、私が英文和訳を出し続けてほしい理由は、英語以前に日本語をまず正しく使いこなせてあたりまえだからだ、という発想です。和訳の練習のために、日本語を書くという作業は、再び本人の中に日本語をよみがえらせるひとつの契機になるのではないでしょうか。」「というわけで、英語を習得するための「和訳」は、大して意味のない行為だと思いますが日本語力、という観点からは、僕としては、『和訳』してほしいです。」

　メールは「自分は教育の道には進まないと思いますが、いろいろ考えさせられました。先生の改革に期待します」と締めくくられていた。私は、日本語力の欠如は、それはそれで非常に重要な問題なので、是非、教え子たちにしっかりとした日本語を教えてやって欲しい旨、エールを送った。

　こうしてＡ君との対話自体はさわやかな気持ちで終えることができたのだが、それと同時に英文和訳論争の難しさも改めて感じることとなった。そもそも英語教育の目的として日本語力の養成を含めるのか含めないのかでボタンの掛け違いがあるなら、論争の決着は永遠につかないだろう。大学関係者の中にも、当然含めないと思っている私のような者もいれば、含めるべきだと公言される方もいる。個人の見解は異なって構わないのだが、組織として「英語」という科目名で実施している入試に絡んでのコンセンサスの欠如は許されまい。

4. 教室の全体を見よ

　いろいろな学校に行って授業（一対多）を見せてもらってしばしば気づくことのひとつに、クラス全員を見ていない教師が残念ながら決してめずらしくないということがある。教室の後ろに立っている参観者である私に近い方角にはほとんど視線が飛んでこない。もちろんことさら参観者を意識しないように目を合わせないということもあるかも知れないが、それだけではないようだ。

ではそういう教師の視線の行き先はというと、だいたい黒板、教科書、その時指名している生徒、の3点の間を往復しているだけだ。要するに授業に際しての視野が狭いのである。そんな状態でも、生徒の質が特別に良ければ大して問題はないが、ごく普通の学校の生徒なら、後ろのほうでマンガを読み出したり、突っ伏してみたり、もっとひどいことになったりする可能性が大きい。

　我々は40人全員を相手にしているのだ。チャイムが鳴って授業が開始してから終了するまで、40人全員の様子を気にする義務があるのだ。たとえその中のひとりを指名して答えさせている時も、その生徒の答を他の全員に聞かせるためにやっているのである。また、それに対して教師がどうフィードバックするかを他の全員の生徒に聞かせるためにやっているのである。だから、あるひとりを指名して、その生徒とやりとりをしている時も、その生徒だけを気にしていてはいけないのである。つまり本当の一対一のやりとりになってはいけないのだ。自分とその生徒のやりとりを、他の全員がきちんと聞いているかいないかを、つねに気にしていなければいけない。

　基本的な意識として、授業中はどんな時でも生徒全体が見渡せるように、顔を上げて、視線を高く保とう。「高く」と言ってももちろん虚空を睨むのではなく、生徒の顔を見るのである。むかしスピーチをする時は、まっすぐ前、右、左の3方向に適宜視線を投げかけると、聴衆から見ると全体を見られている感じがする、という指導を受けたことがあるだろう。基本的にはあの要領である。しかし、スピーチ・コンテストのように百人も二百人も聴衆がいるのとは違う。授業ではできる限り、ひとりひとりにそれぞれ短時間にはなるがきちんと視線を合わせることが大切だ。

　特に教卓から見て、右手前の隅、左手前の隅の生徒は普通に教室全体を眺めていても視界には入らないので、首を意識的に左右に回して見てやることが必要だ。また、右手左手それぞれの後方隅（教員から見て一番遠い隅）も、生徒（＝観衆）側から見て「安心」してしまいがちなスポットなので、意識して視線を合わせ、「ちゃんと見てるぞ」という無言のメッセージを出し続けることが大切だ。

　「ちゃんと」見ると、今まで見えていなかったものが見えてくるはずだ。

そしてその中には教師として見たくないものもあるかも知れない。これ以上はないというほど退屈そうな顔をしている生徒がいる。説明が納得できないような顔をしている生徒がいる。起きているのか寝ているのか机にまともに突っ伏している生徒がいる。体を横に向けて座り、後ろの生徒と私語（らしきもの）をしている者がいる。

こういう生徒は、教員が「ちゃんと」見ることを続けているうちに、ほとんどあるいはまったくいなくなるはずだが、昨日まで「ちゃんと」見ることをしていないで急に「ちゃんと」見ると、目に入るはずである。というか逆に言うと、「ちゃんと」生徒を見ようとしない教員は、自分の授業をおもしろい、あるいはやりがいがあると感じていない生徒の顔、いや、眼を見るのが、おそらく怖いのだ。自分の授業に集中していない生徒に、さらに言うと、生徒を集中させきれていない教師としての自分の現状にまともに向きあうのが怖いのである（私も新人のころ、その日の授業に自信がない時は、生徒の目を見るのが怖かったので、もっぱら教科書や教案に目を落としていた覚えがある）。怖いから「ちゃんと」見ない。「ちゃんと」見ないから生徒の状態が悪くなる。悪い状態を見るのは怖いからますます「ちゃんと」見ない。そしてさらに状態が悪くなる、という悪循環である。

「ちゃんと」見れば、生徒の状態はわかる。その状態が良ければ良いが、悪ければそれなりの手を打って正さねばならぬ。きちんとした授業、効果の上がる授業を行おうと思ったら、教師が絶対にしてはいけないことが少なくとも3つある（かなり低いレベルの話になるが、これを守っていないのが決して珍しくないという現状があるのだ）。

5. 突っ伏しを許すな

　まず、机に伏している生徒がひとりでもいる状況で授業をしてはいけない。眠くなるのは生理現象だ。聴こうとしてもどうしても睡魔に負けてこっくりこっくりというのはある程度仕方ない。むしろ教師の一方的なしゃべりが長くなっていることに対するシグナル、警報だと受け止めて、活動を変えるなり、その生徒を指名して睡魔を追い払ってやるなり、という対応をすればよい。我々だって会議では眠くなることがあるし、実際に寝ている同僚もよくいるではないか。

　しかし、40人程度の教室、つまり話す側から見て全員が目に入る程度の規模で話している時、あからさまにそれとわかるように、上体を机に突っ伏して「俺（私）は寝ている」「私（俺）は参加しない」「お前の授業はつまらない」というシグナルを発するのは、基本的に失礼なことであり、人と人の関係の上で、させてはならないことだ。

　そのままの状態で授業を進めることは二重の意味でよろしくない。まず他の生徒に対して、「人が話している時にその話し手の目の前で突っ伏していても構わない」という非教育的なメッセージを繰り返し刷り込むことになってしまう。また突っ伏している本人に対して「俺はお前のことはもう相手にしない。どうとでもして勝手にダメになれ」という、これまた非教育的かつ冷酷なメッセージを繰り返し送ることになる。

　（今思い出したが、私が中2の時に数学を教えて下さっていた森村先生の授業中、私はあろうことか、黒い革鞄を机の上にドーンとバリケードのようにして載せ、その裏に頭を隠して机上に突っ伏したことがあった。何を思ったか今となってはよく覚えていないが、「俺だって真面目一方ではなく、たまには授業中に寝るくらいのワルサはするんだぜ」というメッセージを発するためのたわいない行為だったような気がする。とにかくしばらく（ものの1分くらいか?）目を閉じていると、「しずか〜、寝てんの〜?」という聞き慣れた声とともに、突然ぎゅーっと耳が上方に引っ張られた。「いててて〜!」と言いながら立つことになり、もちろん態度を改めた。森村先生、放っておかないで下さってありがとうございました。）

　完全に上体を突っ伏すまでいかなくても、肘をついて顔を腕にもたせか

けたりしているのも放っておくのは良くない。「姿勢を正して聞きなさい。」この一言が非常に重要だ。もちろんその一言で改善するのか、実際にその場に行って肩をたたいてやる必要があるのか、耳を引っ張ってやる必要があるのか、あるいはもっと大ごとになるのか、はそれまでの生徒との人間関係によるので一概には言えない。いずれにせよポイントは、「私は突っ伏している生徒をそのままにはしておかない教師だ」というメッセージを本人と他の生徒に対し常に発することが大切だということだ。

6. 私語にかぶせて話すな

　次に、私語をしている生徒がひとりでもいる状況で教師が話し続けてはいけない。私語をしている生徒がいると教師の声が聞き取りづらいので、生徒の声に負けじと声を張り上げて授業を続けようとする教師がいる。大きな間違いである。「多少、私語をしていてもいいんだよ。このように私がもっと大きな声を出して授業してやるから、まったく問題ないんだよ。そのままで構わないんだよ」というメッセージをクラス全体に発信することになるからだ。その結果、私語はますます大きくなり、教師はますます大きな声でしゃべる羽目になり、声帯を酷使し、授業は収拾がつかないようになるだろう。授業は大声合戦ではない。

　発すべきは「お前たちには俺が話している時は黙って聞く義務がある。俺がしゃべる時はお前は話をやめろ。お前がしゃべるなら俺は話をやめる」というメッセージである。生徒全体を見渡し、耳を澄まし、そうすべき時でないのに口を開いている生徒が見えたら、教師は即座に話をやめて、その生徒をじ〜っとにらむべきだ。それでも気づかないようなら、その生徒の名前を呼び、直接注意すべきだ。

　「教師が話をやめたら、生徒は永遠に私語を続ける」という人がいるかも知れない。しかしそれは状況が悪くなっているから、というか、状況を悪くしてしまったからである。1年生の最初の授業とか、新学年の最初の授業からそうそうどうしようもないクラスばかりある訳がない。教科担当が新しくなったら生徒はどんな教師かを見極めようとするのである。私語ができる授業なのか、できない授業なのかを敏感に見極めて、対処方法を決

めようとするのである。そのタイミングで、自分は私語を許さない教師だ、ということをはっきりさせておけば、後は1年間、それほど大きな声を出す必要はなくなる。逆に、そのタイミングを逃して大声合戦を始めてしまうと1年間地獄である。いったん地獄に堕ちてしまったら、はい上がるのは容易ではないが、その方法が、大声合戦でないことは明らかである。私語にかぶせて解説を続けるために大声を使うのでなく、私語をやめさせるための説諭に大声を出すべきだ。

7. 関係ない作業を許すな

そして最後に、教師の指示や意図と関係ない活動をしている生徒がいることを放置してはいけない。誰も机に突っ伏しておらず、誰も私語をしていないとしても、それは必要条件であって十分条件ではない。生徒を指名させて何か言わせ、それに対して教師がコメントするというような局面で、テンポの悪い、あるいは効率の悪い授業展開をすると、往々にしてどちらかと言えば向学心のある学力の高い生徒の中に、今授業で教員が展開しようとしているのとは無関係の、しかしその教材とは関係のある「内職」をする者が出てくる。例えば教員は教科書本文に関するTFをやっているのに、それを片方の耳だけで聴きながら(?)、教科書本文をノートに書き写していたり、単語を電子辞書で引いて訳語をノートに書き写していたりする生徒である。研究授業を観察して、特に板書事項もないのに下を向いてノートに何か書いている生徒のところに行ってみると、十中八九自分でそういった「自学自習」をしている。

周囲に迷惑をかけるわけではないし、「内職」とはいっても授業でその時使用している教科書に関わることなので、目くじらを立てるほどのことはないと思う人もいるかも知れない。確かに上の「突っ伏し」や「私語」と違って、そのような行為をする生徒を「とがめる」には当たらないかも知れない。しかしここで目くじらを立てないのは大きな間違いである。

もし自分の授業でそのような行為をしている生徒がいたら、教師としては、自分の授業に大問題があるシグナルであると受け取る必要がある。それは、「あなたの授業をまともに聞いている・受けているよりも、この教科

書に関連して、より効率的な時間の使い方、より効果的な勉強法があるから、私はそちらのほうをします」というシグナルだからだ。考えようによっては、別の教科の勉強をされたりマンガを読まれたりする以上の、ものすごい侮辱であり、真剣に落ち込むべき事態である。英語教師である我々が指示する英語学習活動よりも、もっと効果的な英語学習活動があると思われているのであるから。これは英語学習のコーチングのプロである英語教師の沽券に関わる大問題である。

現実には今では200％あり得ないが、仮に私の授業中にそのような生徒を見つけたら、その勝手な行為をやめさせてこちらの指示した活動をするように導くだろう(思い起こせば25年前、教員1年目に、クラス全体にはオーラル・ワークをさせていた時に、ひとりだけノートに文を書いていた中1を、大声で怒鳴りつけて泣かせてしまったことがある。もうちょっと穏やかに言えば良かったな、という思いはあるが、基本的な姿勢は間違っていない)。その上で、自分が指示していた活動にどうして「スキ」があったのか真剣に悩み、次からは黙っていてもそういう別の作業を始める生徒が出ないように、「全員が忙しくなる」活動を指示するだろう。そのような生徒を生み出すような授業運営をしてはいけない。

8. 常に生徒に向かって話せ

基本的に視線を生徒に合わせるということは、教員のモデル・リーディングなどの仕方にも関わってくる。視線を生徒からなるべく外さないということは、教師はなるべく教科書を見ないほうがよい、ということである。教科書本文に関連して何かを解説する時も、本文を音読する時も、あくまで教科書は参照する、つまり「ちら見」するにとどめて、基本的には生徒集団全体に向かって「話す」よう心がける必要がある。

教師がずっと教科書に目を落としたまま何かを解説していたり、本文を音読していたりする授業で、後ろのほうの生徒の集中を維持しようとしてもそれは無理である。「ずっと」の目安だが、おおむね5秒である。つまり5秒を超えて生徒から視線をはずすことのないように心がけるのがよい。本文内容がよほど興味深く、教師の音読というか朗読が聴衆の心をつかん

で離さないほど名調子であるなら、30秒から1分くらいは持つとは思うが、初心者は無理しないほうが賢明である。
　これは、会議で誰かが資料に目を落としたまま延々と読み上げるのを聞く立場に身を置けばすぐ思い当たることだ。書いたものを朗読されてしまうと、よほどの名調子でない限り、聞いているのがつらい。話し手がこちらを向いて話してくれるのとは大違いである。
　「教師たる者、教科書本文などすべて暗記して授業に臨め。教室には教科書を持たず手ぶらで行くべし」というのが、わが師匠・若林俊輔先生の教えだった。さすがに手ぶらでいくのは現実的ではないと思うが、本文は予めほとんど暗記するほど読み込み、確認のため1つ1つの文を一瞬見たら生徒に視線を戻して、その文を生徒に向かって「言える」ようにしておくことは基本中の基本である。教科書の本文は最終的には生徒にも言えるようになってもらうのが目標なのであるから、教師がread-and-look-up方式で本文の再生ができなくてはお話にならない。

9. 耳を澄まし目をこらせ

　次のテストを受けて自己採点してもらいたい。

靜流 英語教師実力テスト3： 一斉音読時の教師の態度

問題：教科書本文のコーラス・リーディングで、生徒があなたの、あるいはCDのモデル音声の後について、リピートしている。生徒が読む時のあなたの行動に近いのはどれか。
A　どれかと言われても、私は音読なんかほとんどさせないから、問題自体が当てはまらない。
B　視線は教科書から離さない。生徒の発音に「物言い」をつけることは皆無。全体に声が大きければそれで良しとする。
C　視線はひとりひとりの生徒の口元を凝視し、耳は生徒の発音に耳を澄ます。しばしば不十分な点を指摘して、言い直させる。

採点： A=0点　B=5点　C=10点

　音読練習に限らず何でも「練習」は、今までまったくできなかったもの

ができるように、あまりうまくできなかったものがよりうまくできるようになるために行うものだ。

　モデル音声を聞いてむやみに繰り返すだけで、「カタカナ読み」のレベルを超えて英語的発音ができるようになる生徒は、おそらくほんの一握りである。ほとんどの生徒はせっかく英語の音声を聞いても、日本語音声の枠組みでそれをふるいにかけて聞いてしまう。hurt も heart も「ハー t」としか聞こえないし、聞こえないから「ハー t」、悪くすれば「ハート」として再生する。

　だから我々教師の言葉が何より重要なのだ。「ほら、違うよ！　よく聞いて。モデルは hurt って言っているだろ。ハーとフーの中間みたいな感じ。はい言ってみよう：hurt！」のような言葉が。

　一斉音読をさせる時は、生徒の発する音声によく耳を澄まし、生徒の口元をよく観察すべきである。教員が自分が次に読むべき文を目で追っているようではダメだ。生徒の声をよく聞いて、修正すべき音、正しくない唇の使い方を見つけたら、すぐに「ほら、そこ、違う！」と言ってやることが大切だ。

　何も難しいことではない。何もアドバイスを受けていないデフォルト状態の日本人がどう発音するか、我々はよく知っている。放っておけば普通の生徒は those と聞いても zoze と言うし、of は ob と発音する。そういう「問題となることが予測される」箇所に注意を絞って聞き、見ていれば、40人が一斉に声を出していても、そういう生徒は必ず発見できる。

　生徒にとっては教師であるあなたのその言葉がすべてなのである。どう違うか指摘してやることで初めて生徒は本当の音を聞き、「確かにそうだ」と思い、次からより本当に近い音が出せるようになるのである。

　だから生徒が読む時は、あなたは必ず生徒の口元を見ていなければいけない。例えば次のように。

あなた：（本文を見ながら）Scientists are warning that the polar ice is melting.
生徒：（このときあなたは生徒たちを口元を注視する）Scientists are

> warning zat za polar ice is melting.
> あなた：ほら、その辺誰だ？（と言って za の音源とおぼしき方を指さす）　th は za じゃないよ。that the ...　はい言ってごらん。that the ...
> 生徒：that the ...
> あなた：じゃあ、そこに気をつけてもう一回。
> 生徒：Scientists are warning that the polar ice is melting.
> あなた：そうそう。自分で文字を見ればわかるんだから、言われる前にちゃんと読もうね。

このようなやり方をして初めて「音読」がトレーニングになる。5 分間の音読練習をする前と後では生徒のパフォーマンスが変わっていなければ意味がない。

10. きちんとした発音で話せ

教師の英語は商品

　しかし当たり前のことだが、生徒の発音を良くしてやる以前に、指導者の発音がいい加減ではお話にならない。教師であるあなたが生徒の前で発する英語は、クラスルーム・イングリッシュから本文音読・発問に至るまで、すべていわば「消費者」に供する「商品」である。最近、食品偽装問題で消費者の食に対する信頼が大きく揺らいだ。「○○産」だと思って買っていた牛肉が「××産」であったり、もっと悪い場合には牛肉ですらなかった、とすればどうだろうか。中学生は「英語の先生」の話す英語は、当然「英語」だと思っている。それが実は「英語とは言えない英語」だと知ったら、どういう気持ちがするだろうか。私の授業を受けた大学 1 年生はしばしば次のようなコメントを書く。

> 「僕は今まで 6 年間英語を学んで来ましたが、th の発音をずっと誤って覚えていました。中学・高校の授業は何だったのかと思います。」

中学、高校の授業を観察する機会は多いが、教師の発音が「商品」としてお客様に出せるレベル（＝生徒がそれをモデルとして真似すべきレベル）に達していないのは決して珍しいケースではない（念のために言っておくと、これは大学教師のほうがうまい、という意味では全然ない）。そもそもクラスルーム・イングリッシュとは何のためのものなのだろうか。英語を聞くのに慣れさせるためのものではないのか。英語とは言えない英語モドキを生徒に聞かせて悪影響を蓄積するくらいなら、きちんとした日本語で指示を出したほうがずっとマシである。

発音は白か黒か

　講演でこういう話をすると、後から「では、どうやったら自分でうまくなれるでしょうか？」という質問をされることがある。そういう人にまず理解して欲しいことは、発音の「うまさ」とは「うまい」「結構うまい」「あまりうまくない」といったアバウトな連続体（continuum）ではなく、少なくとも個々の音に関して言うならば、「きちんとしているのか、いないのか」という、whether A or not A つまり 1 か 0 かの世界だ、ということである。だから全体として「発音がうまくなる」ためには、それぞれの音を「きちんと（＝0 でなく 1 で）発音する」のに尽きる。

　TH なら、舌先を歯につける（＝きちんとしている）か、つけない（＝きちんとしていない）か、R なら舌先が歯茎に触れない（＝きちんとしている）か、日本語式にペロッと触れる（＝きちんとしていない）か、F なら上前歯と下唇で摩擦を起こしている（＝きちんとしている）か、起こしていない（＝きちんとしていない）か、V なら上前歯と下唇で摩擦を起こしている（＝きちんとしている）か上唇と下唇を閉じて B で代用している（＝きちんとしていない）か、等、すべて白か黒かである。母音に関しても、hurt と hart を違う発音で言う（＝きちんとしている）か、同じに言う（＝きちんとしていない）か、hat と hut を発音し分けている（＝きちんとしている）か、同じに発音している（＝きちんとしていない）か等、すべて白か黒かである。

　子音に関して、自分の舌や唇がどこかに触れているのかいないのか、は自分で判定できる。母音に関しては、それぞれの音の絶対値がネイティブ

10. きちんとした発音で話せ　　*87*

と同じであるかどうかはとりあえずはそれほど問題ではなく、自分の中で「発音し分けているか否か」が大切なのだ。だからこれらに関してネイティブにコーチしてもらう必要はまったくない。言い換えると、ネイティブにコーチしてもらう機会がないから自分ではできない、という言い訳は通らない。個々の音について発音の「仕方」を万一知らない場合は、今すぐ音声学の本を読もう。いや、学習者用の英和辞書にだって書いてある。むやみにネイティブのコーチに頼るな。あるいは、ネイティブのコーチを過信するな。「ただの」ネイティブは正しい発音をしてくれるが、発音の仕方は教えてくれない。そもそも、アジア系、ヨーロッパ系、アフリカ系では、歯の大きさ、歯並び、唇の厚さからしてすべて違う。日本人がどうやったらきちんとした英語音を出せるかは、日本人が編み出すしかないのである。

自分の声を録音してみよう

　慣れないうちは、自分が教室で生徒に対して使う可能性のあるクラスルーム・イングリッシュや、次の日に音読することになる教科書本文の中で、日本人として気をつけるべき子音や母音の箇所に印をつけることから始めよう。そしてそれを意識しながら「ゆっくり、はっきり」音読してみる。どんなにやさしいフレーズも、いい加減にペラペラ早口で言ってはいけない。生徒に対して、「この単語はこう発音するんだよ。先生の口の動きをよく見て、音をよく聞きなさい」と言うつもりで、強調気味に、動作を大きく、きっちり発音することが大切である。

　例えば、教室の第一声になる可能性も高い "Hello, everyone!" 1つとってみても、Hello の L で、舌先をきちんと上前歯付け根に接触させているか、everyone の V で下唇を上前歯に接触させているか、R で舌先が歯茎にうっかり接触しないか、語末の N で舌先が歯茎にきちんと接触しているか（→ p. 90 参照）と、最低でも4つのチェックポイントがある。訓練された耳には「エブリワン」とはかなり違う音だ。

　練習したら、自分の音読を録音してみるのがよい。TH や R や L に印のついた本文を見ながら、自分の録音を聞き直して批判的にチェックする。自分で言っている時には気がつかなくとも、第三者として聞いてみると気がつくことはたくさんある。

難しいことではない。我々は日本語のネイティブ・スピーカーなのである。英語を母語である日本語の音で代用しているのか、いないのかは、日本語ネイティブの耳には瞬間的にわかるはずだ。

(1) 初級編

　ここでは、よく使われるクラスルーム・イングリッシュの発音面で気をつけなければならない点を指摘する。知識としては「こんなこと今さら言われなくとも...」というレベルの話が多いと思うのだが、現実に教室でこれができている教員は本当に少ない。範囲のごく限られた、決まり切った表現なので、「目をつぶっても」きちんとした発音ができるまで、繰り返し繰り返し練習してから生徒の前に立って欲しい。

Stand up!　OO
　stand と up の母音は違う。stand のほうは「エ」に近く。

Good afternoon!　OOoO
　after...の a の部分と er の部分の母音は違う。a は「エ」に近く、er は「ウー」に近く。f ではきちんと下唇を上前歯に持って行き、摩擦を感じる。...noon の最後は、「ン」でなく、「ヌ」。

Hello, everyone!　oO OoO
　Hello の L は舌先を歯茎または上前歯の付け根あたりに押しつけて、日本語の「ロ」よりも気持ち長く保持する。everyone は v, r, n を感じながらゆっくりと。ちょこちょこいい加減に発音しないこと。

Today is Thursday, April 17th, 2010.　oOoOo Oo OoO OOoO
　Thursday ではまず TH で舌先を歯に。Thurs...であって Thars...ではないのだから口をあまり開かず「ウー」に近く。April の r では舌先が歯茎に当たらないように。April の最後の l は「暗い L」と言って、事実上「オ」と同じでよい。17 という算用数字を見ても、seventeenth というスペリングを思い出すこと。v があるので下唇を上前歯につけること。ただし、強く当てすぎると「破裂音」的な音になってしまうので、弱めに「じわっと」

当てて摩擦を感じること。...th ではきちんと舌を歯に当てる。それほど音は出ない。音が響くようであれば、s で代用している証拠。2010 の中にも th がある。言われなくともわかっていると思うかも知れないが、2000を two Sousand と発音する英語教師は本当に多い！ ten の最後の N を忘れないこと (注：ここでは発音上注意すべき曜日、月、年を組み合わせたが、実際には 2010 年 4 月 17 日は土曜日である)。

Look at the blackboard, please.　OooOoO

　Look の冒頭は L であって日本語の「ル」ではない。舌先を歯茎に当てて長めに保持すること。Look と at と the を 1 語ずつ切らないこと。「ルカッダ」という雰囲気。at の語尾の t で舌先を歯茎につけたら離さず、そのまま th の摩擦音に移行すること。blackboard のポイントは 2 つ。まず L の形を作って(舌先を歯茎に当てて)から b を発音すること。次に black が bluck にならないよう母音に気をつける。please でも、L の形を作ってから p を発音すること。

When you've finished reading, you can open your textbook.
ooOoOo ooOoоOo

　When の語尾ではきちんと舌先を歯茎につけて「ヌ」と言う。すると自然に you の最初と合わさって「ニュ」となる。've で下唇を上前歯に当て、離さずにそのまま finished に移行する。finish の母音は短い i なので、やや「エ」に近い。reading の R は絶対に舌先を歯茎につけないこと。また ing の最後は「グ」ではなく鼻濁音である。you can の can は肯定文なので、弱くいいかげんに「クヌ」のようである。open「オウプヌ」とつながるので、you can open your で「ユークノウプニョ」となる。text を「テキst」と発音する誤りが多い。tex を「テキs」と読むはずがない。「テks」である。よって、textbook は、テkstボッk である。絶対に「テキ...」と発音しないこと。

Listen to the CD carefully, and repeat each word.
OoooоOOoo ooOoO

　Listen の冒頭の L は舌先を歯茎に当てて長めに保持する。カタカナの

「リ」とは違う。母音はやや「エ」に近く。死んでも the を za と言うな。CD は決して「シー...」ではなく「スィー...」。carefully の F は強く下唇を上前歯につける。lly の L をはっきりと。carefurry のようないい加減な発音をする教員が8割以上いる。あなたはそうなってはいけない！repeat の冒頭では舌先を絶対に歯茎に当てない。最後の word の母音は曖昧に。「ウー」に近い。

That was great!　Very good!　OoO　OoO

　生徒の前に立ったなら That を「死んでも」Zat と言わないこと。great の R に注意。That was great! で、OoO である。very は ve を長く ry を短く。v で下唇を上前歯に「じわっ」とつけて摩擦を起こす。R で絶対に舌先を歯茎につけないこと。Very good! 全体で、OoO という感じで。

(2)　上級編

　今度は、生徒に真っ先に取り組ませるべき主たる音素の発音は一通りマスターした英語教師を対象として、やや上級者向けの、焦点を絞った「画竜点睛」レベルの話を2つだけする（しかし、だからと言って生徒に要求するのは無理だということにはならない。優先順位が低いだけであって、生徒もできるようになるにこしたことはない。実際、できるようになる中学生はたくさんいる）。

1）"n" は「ん」と違う

　かなり発音がうまい人でもできていない場合が多いトップはこれ。単語の最後に来る n である。in や an の語末にくる英語の /n/ は、決して日本語の「ん」ではないのだ。

日本語の「ん」

　日本語ネイティブ・スピーカーとしてそんなことは意識しないのだが、われわれは「ん」という文字を、その後にどういう音がくるかによって、実にさまざまに発音し分けている。

　「ひんぱん(頻繁)」とか「ひんばん(品番)」の「ん」は、/m/ だ。後に続

く /p/ あるいは /b/ の下準備のため両唇が合わさって鼻に空気が抜ける音になる。「はんたい(反対)」とか「はんだん(判断)」の「ん」は、/n/ だ。後に続く /t/ あるいは /d/ につられて、舌先が歯茎に接触して呼気をせき止め、やはり空気を鼻に送る鼻音になる。「せんかん(船艦)」や「せんがん(洗顔)」の「ん」は、/ŋ/ だ。/k/ あるいは /g/ あるいは鼻濁音の /ŋ/ の準備のため、舌の中間あたりが口蓋と呼ばれる口の中の天井部分に接触する。

　そして、英語との差異から最も問題となるのが、「せんい(繊維)」「せんそう(戦争)」などの「ん」である。これらの「ん」を発音する時に、舌先が口の中のどの部分に接触しているか(いないか)を意識してみよう。これは実は、舌による気流の妨害がほとんどなく、かつ呼気が鼻に抜ける鼻母音である。

　この鼻母音で発音される「ん」は、「じゅんあい(純愛)」「じゅんいち(純一)」「あんうん(暗雲)」「はんえい(反映)」「はんおん(半音)」などの「あいうえお」が後に続く場合や、「けんさ(検査)」「あんしん(安心)」「ふんすい(噴水)」「えんせん(沿線)」「うんそう(運送)」などの「さしすせそ」が後に続く場合に起こる。

　これに対して英語の n は、母音の前、/s/ の前では、100% 舌先を歯茎に接触させて呼気をせき止める /n/ である。

よくある誤り

　このような日本語と英語の違いから来る、日本人話者によく見られる誤りは、「あいうえお」の前の /n/ を、/n/ でなく鼻母音の「ん」で発音してしまうことだ。つまり、次のようになる。

	よくある日本人的誤り	正しい発音
<u>When you are</u> ...	ウェンユー...	ウェニュー...
There are two problems.　<u>One is</u> ...	ワンイズ...	ワニズ...

　鼻母音というのは文字通り母音の一種なので、「ワンイズ...」の、「ンイ」の部分では母音が続くことになり、事実上「ワイズ」とほとんど違わないような音になり、英語としては非常に不明瞭なものとなってしまう

（「ふんいき」が「ふいんき」としばしば誤って覚えられるのも、日本語の「ん」が母音的であることと関わっている）。

　こう書くと、「ああリンキング（あるいは同化）の問題か。『ウェン』と『ユー』が接触すると接点が『ニュー』と変化するのか」と思うかも知れないが、それは違う。リンキングの問題ではない。自然なスピードで話せばリンクするから「ウェニュー」「ワニズ」になるが、何らかの理由で一語一語区切ってはっきり発音しても、「ウェヌ　ユー」「ワヌ　イズ」であって、決して「ウェン　ユー」「ワン　イズ」ではないのである。要するに、英語でnの文字を見たら、「ん」ではなく、「ナ行」の音である「ヌ」だと思って、舌先を歯茎につける習慣をつけたほうがよいのである。

英語母語話者の日本語発音から学ぶ

　「純一」という名前のローマ字表記、Junichi を英語母語話者が読むと「ジュニーチ」のように発音するのを聞いたことがあると思う。これは、Jun'ichi のように表記しても、n の部分で舌先を歯茎に接触させるのは変わらないので結果には大差はない。

　また、日本語に慣れていない英語母語話者には、「はんいん（班員）」han in とか、「あんい（安易）」ani という語を発音するのは至難の業で、それぞれ「はにん」「あに」のようになってしまい、どうかすると「犯人」や「兄」に誤解されてしまう発音になる。

　こういう「ガイジン風日本語」の中に、実は英語のnの本質が隠されている。英語母語話者にとり、n とあれば必ず舌先を歯茎につける、いわばナ行音のnだということだ。日本語の場合は、hanin や ani というスペリングでありながら、n とは（彼らの耳には）似ても似つかない「ん」という鼻母音を出すのだ、というのがわからないのである。

　この現象から我々が学べることは、逆に han in というような英語スペリングがあったなら、我々はネイティブがやるように舌先を歯茎につけ、「ハニン」と発音する必要がある、ということだ。

導入初期から

　考えればすぐわかるが、これは中学1年あるいは小学校で英語を導入す

るごく初期段階から関わってくる問題だ。数の one も、単独で発音する時から、「ワン」ではなく「ワヌ」、前置詞の in も「イン」ではなく「イヌ」、冠詞の an も「アヌ」と発音する必要がある。例えば、リンゴ1つなら、「アンエァポウ」でなく、「アネァポウ」でなければならない。

アンナでなくアナ

そして an onion は、「アンノニオヌ」でなく「アノニオヌ」であることに注意しよう。同様に an hour は、「アンナワー」でなく「アナワー」である。あえて原稿用紙のマス目にカタカナで書いてみる。

| ア | ン | ノ | ニ | オ | ヌ | | ア | ノ | ニ | オ | ヌ |

「アンノニオヌ」は6マス使うが、「アノニオヌ」は5マスだ。すなわち「アンノニオヌ」では1マス余分なのである。an onion でなく、an nonion の発音になってしまっている。そういう1マス多い発音をしていると、(1) 聞いていて妙であり、(2) ネイティブの音声をシャドウイングする時や、英語の歌を歌おうとする時に遅れる。

another というスペリングを見て、「アンナザー」と発音する人はいないだろう。しかし another はもともと an other である。another でも an other でも発音は同じ。an other を見て「アンナザー」と言ってはいけない。英語においては、語と語の切れ目を示すスペースは、発音する時の時間的な空白を示すものではない。

英語史に学ぶ

apron（エプロン）は、もともと a napron だったのが、an apron と誤解されて生まれた。adder（へび）も、もともと a nadder だったのが、an adder と誤解されて現在に至った。同様にスポーツの審判員を意味する umpire も、a numpire だったのが an umpire と誤解されて生まれた。

こういう英語史上の出来事からわかることは、ネイティブスピーカーにとって、a napron も an apron も事実上同じ発音だということである。an apron を「アンネイプロヌ」と発音していたら a napron → an apron の誤解は起こりえない。だから教訓は、「アンネでなく姉」ということだ。

注意すべきフレーズ

生徒を教える上で、語末の n に気をつけねばならない代表的な場合をまとめてみる。

語末 n の後に母音が来る場合
an apple ○アネァポウ ×アンエァポウ △アンネァポウ
an idea ○アナイディア ×アンアイディア △アンナイディア
an American ○アナメリ... ×アンアメリ... △アンナメリ...
in it ○イニッ t ×インイッ t △インニッ t
in a car ○イナカー ×インアカー △インナカー
one evening ○ワニー... ×ワンイー... △ワンニー...
on end（継続して） ○オネン d ×オンエン d △オンネン d
been outside ○ビナウ t ×ビンアウ t △ビンナウ t
been abroad ○ビナ b... ×ビーンア b... △ビーンナ b...
cabin attendant ○ケァビナテン... ×ケァビンアテン △ケァビンナテン

語末の n の後に、/j/ で始まる語が来る場合
fourteen years old ○フォーティーニヤズ... ×フォーティーンイヤズ

これは非常に重要である。ほとんどの日本人が言う、I am 14 years old. は、fourteen の n を /n/ でなく「ん」と発音するので、ネイティブの耳には 40 years old と聞こえることがある。この生徒が 40 歳のはずはないから 14 歳のことなのだろう、という文脈からの推測でかろうじて意味が通じているだけなのだ。年齢表現は徹底的に訓練する必要がある。

 seven years old ○セヴニヤ...
 nine years old ○ナイニヤ
 thirteen years old ○...ティーニヤ...

以下、fifteen years old, sixteen years old, seventeen years old, eighteen years old, nineteen years old はすべて同様。これらはすべて「ニヤニヤ」発音すべし。

10. きちんとした発音で話せ　95

語末に n がある語の後に、/h/ で始まる語が来る場合
　「はひふへほ」の前でも「ん」は鼻母音になりがち（「は<u>ん</u>はん（半々）」「さ<u>ん</u>ひんもく（三品目）」「しょくに<u>ん</u>ふう（職人風）」「さ<u>ん</u>へいほう（三平方）」「さ<u>ん</u>ほうこう（三方向）」等の下線部）なので、その癖を英語にまで持ち込まないことが大切。
　in his hand は、「×インヒズ…」でなく、「○イㇴヒズ…」あるいは /h/ が脱落して、his が事実上 is と同じ発音になり、「イニズ…」とする。/n/ の後に /h/ が来て、/h/ が落ちることはあっても [n] が落ちることは絶対にない。いわば、n は h より強い。

　　in his room　　○イㇴヒズ…／イニズ…　　×インヒズ…
　　in her notebook　○イㇴハー…／イナー…

　次のような場合は、h で始まる語が内容語なので、文強勢を受けることが多く、h が完全に落ちることは少ないが、h の状態いかんにかかわらず、n は必ず舌先を歯茎につけて言うべし。

　　one hand　　○ワㇴヘァンd　×ワンヘァンd
　　one hundred　　○ワㇴハン…　×ワンハン…

　なお、hand の中の n、hundred の中の n は問題にする必要はない。なぜなら、黙っていても次に続く d の影響で、正しい n になるからである。このように、n と見れば何でもかんでも意識する必要があるわけでなく、日本語との対比で問題になる文脈に絞って意識する必要があるのだ。

「彼(女)は○○歳」トレーニング

　練習のためのセンテンスとして、n で終わる名前を持つ teenager（これも、決して「ティーンエイ…」でなく、「ティーネイ…」であることに注意）についての文を掲げる。

　　Anne is thirteen years old.
　　エァーニズ thirティーニヤゾウ

Ken is fourteen years old.
ケーニズ fourティーニヤゾウ
Fran is fifteen years old.
フレァーニズ fifティーニヤゾウ
John is sixteen years old.
ジャーニズ sixティーニヤゾウ
Ian is seventeen years old.
イアニズ sevenティーニヤゾウ
Catherine is eighteen years old.
ケァthリニズ eighティーニヤゾウ
Ron is nineteen years old.
ロニズ nineティーニヤゾウ
Dan is one hundred years old!
ダァーニズ ワヌ hundred イヤゾウ

三三七拍子トレーニング

次に、上の「〜は〜歳」の例文を使った三三七拍子トレーニングを紹介しておく。例えば、Ken is fourteen years old. なら、次のように、唱えるのだ。

Fourteen years old!（三拍子）
Fourteen years old!（三拍子）
Ken is Ken is Ken is Ken is fourteen years old!（七拍子）
Fourティーニヤゾウ
Fourティーニヤゾウ
ケーニズケーニズケーニズケーニズ fourティーニヤゾウ！

数を使った三三七拍子トレーニング

次に、n が語末にくる数を使った三三七拍子トレーニングを紹介しておく。

One and one is two!　ワナンワニズ two!
One and one is two!　ワナンワニズ two!

One and one and one and one and one and one is six!
ワナンワナンワナンワナンワナンワニズ six!

日本語から英語に変〜身！

　このように n で連結するのは、発音自体として決して難しいものではない。ナ行音を含む日本語フレーズはいくらでもあるのだから。授業中に音読指導をしていて、生徒が n を「ン」で読んだ時、すぐさま類似のナ行フレーズを日本語から探して練習させるのがよい。例えば次のよう。

(Be sure to be back in an hour. を音読して)
生徒：ビーシュアトゥビーバック　イン　アン　アワー
私：n でつなぐ！
生徒：インナンナワー
私：それじゃ遅いの！　インナンナじゃない。イナナ！
生徒：イナナ
私：「馬がいななく」って言ってみな。
生徒：馬がいななく
私：いななく　いななく　イナナワー　はい！
生徒：いななく　いななく　イナナワー
私：そう。文の最初からもう一回。
生徒：ビーシュアトゥビベァ k イナナワー
私：そう、それでいい。

　日本語フレーズはその時思いついたものでよいのだが、私が普段使っているものを紹介しておく。

穴井さん、穴井、アナイ、アナイディア an idea　（案内じゃないよ、穴井だよ）
姉貴、姉、アネァ、アネァナモウ an animal　（あんね貴じゃないよね、姉貴だよ）
あの子、あの、アノ、アノレンヂ an orange　（あんの子じゃないよね、あの子だよ）

田舎、いな、イナ...に続けて、in a day, in a week, in a month, in our country など。
山の尾根、尾根、オネ、オネア、on air!
姉貴、姉、アネ、アネン d、an end　（他に、an empty box など）
兄貴、兄、アニ、アニー vn, uneven　（他に、uninstall など）
泌尿器科、ひにょう、イニョ、イニョ room, in your room
ワニ皮、ワニ、ワニー v ニン、one evening　（ワンニ革じゃないだろ、ワニ革だろ）
和の心、和の、ワノ、ワノ them、one of them
ウナギ、ウナ、ウナ、ウナイ、ブラウナイズ、brown eyes
いーな、いーな、りーな、グリーナイズ、green eyes
いーね、いーね、りーね、グリーネリア、green area
にれの木、にれ、にれ、ニレ vn、セ v・ニレ vn　Seven Eleven
胃に悪い、胃に、イニ、イニ z、in his room（同じく、in his hand など）
犬、いぬ、イヌァ、イヌァ house、in her house（同じく、in her hand など）

練習問題

　nを含む例文をあげておくので、nで必ず舌先を歯茎につけることを注意して練習してみて欲しい。ポンポン・パタンも添えておく。

1. Japan is an island nation.　Britain is an island nation as well.
    oOooOoOo　OoooOoOooO
2. Ken is a 39-year-old father of three.　OooOoOOOOooO
3. She's been out for more than an hour.　ooOoOooO
4. Teaching English to young students is an important job.
    OoOooOOooooOoO
5. There was an explosion outdoors.　There was a bomb hidden in a car.
    ooooOooO　oooOOoooO
6. One evening, when he was workin' on his PC, he felt a sharp pain in his back.　OOo OooOooooO　oOoOOooO
7. For about one and a half hours, she was sitting on her bed without saying anything.　oooOooOO　ooOoooOoOOoOoo

2）「ヂ」は「ジ」と違う

　語末の n よりも見落とされる場合がさらに多いのが、この区別である。おそらく発音記号の知識としては知っているだろう。/ʤ/ と /ʒ/ の区別、/ʣ/ と /z/ の区別である。しかし実際に自分の技能としてこの区別ができている英語教師はほとんどいない。用語で言うと、破擦音（affricate）と摩擦音（fricative）の区別である。

破擦音と摩擦音

　破擦音というのは読んで字のごとく、「破裂音」と「摩擦音」の両方の特徴を持つ。まずいったん口腔内の気流（口の中の空気の流れ）を「閉鎖」し、次の瞬間「解放」することによって「破裂」を起こすのだが、完全な破裂音と異なり、徐々に口腔を解放するので、その「破裂」に「摩擦」が伴うものである。破擦音は、一瞬で終わる「破裂」が必要なので、長く伸ばすことはできない。

　これに対して摩擦音というのは、何らかの手段で口腔の気道を非常に狭くすることによって空気が通りにくくし、「摩擦」を起こすことによって生まれる。この「摩擦」は、口の中の形を一定の形に保持しておくことで生み出されるので、気流を出し続けさえすれば、長く伸ばすことができる。

　破擦音と摩擦音を発音し分ける上でのポイントは、破擦音では必ずいったん気道を完全に閉鎖するが、摩擦音ではしない、ということである。

無声音の場合

　こう記述するとわかりにくいようだが、この区別は無声音（声帯が振動しない音）の場合であれば、実は非常にわかりやすい。cheat の語頭の音 /ʧ/ は破擦音で、sheet の語頭の音 /ʃ/ はそれに対応する摩擦音である。自分の舌先の動きを意識しながら、cheat, sheet, cheat, sheet cheat, sheet と繰り返し言ってみて欲しい。何が違うだろうか？ cheat と言うときは、ch の部分に先立って、必ず舌先を歯の裏につけることによっていったん「せき止め」が起こっているが、sheet では起こらないことがわかるだろう。

　これは日本語でも同じであって破擦音「チ」に対応する摩擦音は「シ」、

破擦音「ツ」に対応する摩擦音は「ス」である。チチチチ、シシシシ、ツツツツ、スススス、と発音してみると、「チ」と「ツ」では一回一回舌先による「せき止め」が起こるが、「シ」と「ス」では起こらないことが感じられる。

有声音の場合

このように無声音の場合で確認してみると、日本人にとっても破擦音と摩擦音の区別は明らかであり、決して難しいものではないことがわかる。「ちかん(痴漢)」と「しかん(弛緩)」、「つみ(罪)」と「すみ(隅)」は誰も混同しない。そしてその口の動きをそのままにしておいて声帯を振動させれば、有声音の破擦音と摩擦音が生まれる。それが、「ヂ」と「ジ」の区別、「ヅ」と「ズ」の区別である。

とは言っても、日本語のカナを使って「ヂ」と「ジ」の区別、「ヅ」と「ズ」の区別、と表記するのはもちろんミスリーディングである。日本語においては「ヂ」と「ジ」、「ヅ」と「ズ」の間には音声的にシステマティックな使い分けはないからだ。「ヂ」も「ジ」も、個人の癖、状況、文脈、単語によって、破擦音だったり摩擦音だったりするのである。

次の文の下線部を自分では舌先を使っていったん口腔を閉鎖する破擦音として発音するか、舌先をどこにもつけない摩擦音として発音しているか、確かめてみよう。あまり意識すると普段の発音と変わってしまうので注意。

① じんせいでかんじんなのは、じかんのつかいかたじゃないか。
② とうじしゃになってはじめて、きじのでたらめさをかんじた。

どうだろうか。私個人は、この文脈では「人生」「肝心」「時間」「当事者」「感じた」には破擦音、「じゃないか」「初めて」「記事」には摩擦音を使う場合が多い。これには個人差もあるだろうが、一般に「はっきり」発音しようという意識がある時、文頭の時、「ん」の後などでは、破擦音を用いると思われる。

無声音から入る

それでは、有声音の場合でも、意識して破擦音と摩擦音を発音し分ける

練習をしてみよう。違いの明確な無声音から入るのがよい。次の③は、②の「じ」を「ち」に置き換えた文である。まず③を、舌先が歯に接触するのを感じながら発音し、次にまったく同じ要領（つまり、舌先を歯に接触させて）で④を発音して欲しい。コツは、「ぢ」の前で一瞬息を止めて、完全に息の流れをせき止めていることを感じることである。

③ とう<u>ち</u>しゃになっては<u>ち</u>めて、き<u>ち</u>のでたらめさをかん<u>ち</u>た。
④ とう<u>ぢ</u>しゃになっては<u>ぢ</u>めて、き<u>ぢ</u>のでたらめさをかん<u>ぢ</u>た。

これが「ぢ」の発音、すなわち [dʒ] の音である。今度は、⑤を、下線部において舌先と歯の接触がないのを感じながら発音し、次にその発音方法のイメージ（なお、image はイメッヂ）を忘れないうちに、⑥を発音して欲しい。あくまで声帯を振動させるだけで、舌先を歯に触れさせないことに注意。

⑤ とう<u>し</u>しゃになっては<u>し</u>めて、き<u>し</u>のでたらめさをかん<u>し</u>た。
⑥ とう<u>じ</u>しゃになっては<u>じ</u>めて、き<u>じ</u>のでたらめさをかん<u>じ</u>た。

これが「じ」の発音、すなわち /ʒ/ の音である。もう1つ同じような練習をしてみる。同じ要領で、⑦⑧を破擦音で、⑨⑩を摩擦音で発音してみよう。「⑦と⑨が明らかに違うように、⑧と⑩も確かに違う」と実感できるまで繰り返すこと。

⑦ ちゃちゃちゃちゃ〜ん！
⑧ ぢゃぢゃぢゃぢゃ〜ん！
⑨ しゃしゃしゃしゃ〜ん！
⑩ じゃじゃじゃじゃ〜ん！

英語における問題

さて一般論として破擦音と摩擦音の区別がわかったところで英語の話に戻る。日本人英語の問題は、ほとんどの場合、破擦音であるべきところを摩擦音で代用してしまうことにある（私の観察した範囲では逆はほとんどない）。口をあまり動かさずに「適当」に発音すると摩擦音になりやすいの

である。以下に、破擦音、摩擦音に分けて代表的な単語をリストにしておく。見ればわかるように、破擦音か摩擦音かは、スペリング上でもはっきり区別されている。

| 破擦音 /dʒ/ | stage Japan age major page magic individual psychology George did you |
| 摩擦音 /ʒ/ | Asia measure pleasure visual casual |

| 破擦音 /dz/ | cards roads AIDS needs beads |
| 摩擦音 /z/ | cars rose "A"s knees bees |

　これを発音し分ける初期段階では、上の日本語でやったように、無声音から入ると効果的である。These cards are mine. と These cars are mine. の下線部の区別は最初難しく感じられても、対応する無声音を用いて、「カーツァー」と「カーサー」を区別するのは誰にでもできよう。そこで、次のように無声音から入って徐々に有声音に切り替えるとうまくできることが多い。

　　　カーツァー　→ cards are
　　　カーサー　　→ cars are

練習問題
　破擦音を含む例文をあげておくので、きちんと舌先で気流をせき止めることを意識して発音してみて欲しい。練習のために1秒ほど息をとめて閉鎖を確認するとよい。

1. AIDS is a deadly disease.
2. Open your books to page eight.
3. George is a big fan of Major League Baseball.
4. The image of Japan has changed a lot.
5. We need to carefully examine the advantages and the disadvantages before making the final decision.

その他

　紙幅の関係で詳しくは説明できないが、「鼻腔解放」(nasal release)という現象が、di<u>dn</u>'t, sudde<u>nl</u>y, Brita<u>in</u>, Manha<u>tt</u>an, Cli<u>nt</u>on などの下線部で起こる。/d/ または /t/ の後に /n/ が続く場合、/d/ または /t/ は閉鎖だけして解放せず、そのまま次の /n/ に移行する現象だ。同じように「側面解放」(lateral release)という現象が、recent<u>l</u>y, bot<u>tl</u>e, mid<u>dl</u>e, li<u>ttl</u>e などの下線部で起こる。/t/ または /d/ の後に /l/ が続く場合、/t/ または /d/ の解放を、舌先を離さずに側面だけを離して行う現象だ。また「帯気」(aspiration)という現象が、語頭の無声破裂音 /p, t, k/ などで起こる。特に「帯気」は英語らしさに大きく貢献するものなので、英語を教えるプロとしては必ず身につけたい。音声学の解説書やネットで独習して欲しい。

11.　発表をむやみに褒めるな

　今の日本中の英語授業でおそらく最も良くない点は、生徒に何か発表(プレゼンテーションでも、簡単なペアワークでも、スキットでも、単なる音読でも、質問に対する答でも)させた時に、内容的にさえ OK であれば音声面の質にかかわらず(つまりまったくのカタカナ発音でかつ非英語リズムによる発表であっても)、"Okay!" "Very good!" "Thank you very much!" "That's great!" とかの褒め言葉をかけるだけで終わりにしていることが多いことである。

　「褒めて育てる」という表現があるが、何でもかんでも褒めておけば自然と伸びてゆくと思っているなら、とんでもない勘違いである。良いパフォーマンスに対して褒めれば、気を良くしてそういうパフォーマンスをさらに追求しようとするだろうが、明らかに良くないパフォーマンスや大したことないパフォーマンスを褒められてしまうとどうなるだろうか。

　"Very good!" というフィードバックはその時のパフォーマンスの肯定であって、翻訳すればすなわち「お前はそのままの状態でよい」というメッセージである。生徒の側からすると漠然とした満足感が一時的に得られるかも知れない。しかしそれは得させてよい満足感だろうか？　良くないパフォーマンスなのに、そのままでいいのだ、と誤解させてしまってよいの

か？ ダメなものはダメだとはっきり教えてやらねばいけない。そしてその上で、それをダメでないものにするにはどうすればよいのかを明示してやらねばいけない。

> 「うん。合ってるから、今度は th に気をつけてもう一度言ってご覧」
> 「『anど』と言うな。アンドなんていう英語はない！ and と言ってみろ」
> 「意味のかたまりをもっと固めて、一気に言ったほうがわかりやすいよ」
> 「○○と○○を強く、○○は速く言うとリズムが出るよ」

こういう「ダメ出し」は、そのパフォーマンスを(さらに)良いものにするためには何が足らないのか、どういう点に気をつけなければならないのか、次はどういう方向で努力しなければならないのか、に関する「手がかり」であり、アドバイスである。こういう実質的なフィードバックを与えない発表はさせるだけ時間の無駄だし、それを通り越して生徒をミスリードする罪作りな行為でさえある。

せっかく時間をとって発表させたなら、それに対して必ずその場で簡潔に「評価」すること。つまりその話し方が「とてもうまい」のか「けっこう良い」のか「まあまあ」なのか「あまりうまくない」のか「英語とは言えない」のかをまずはっきりと言い渡してやり、そして次に、その状態を1ランク向上するためには次に何を気をつけるべきかを言ってやること。そしてその場で可能な限り言い直させ、良いパフォーマンスが一瞬でもできたなら、その時こそ初めて「それだ！ それでいい。その感じを忘れずにいつもやりなさい！」と最大限に褒めるのである。

何でもかんでも軽々しく褒めていると、褒め言葉の価値がどんどん下がり、褒められてもちっともうれしくなくなってしまう。

12. 英語は肝心な部分に使え

英語の授業ではできる限り英語を使うべきである。と言っても、いわゆるクラスルーム・イングリッシュ(教室内で指示を与える英語)のことでは

ない。前項でクラスルーム・イングリッシュの発音を論じたが、「もし使うならば」ということであって、どうしても使えという意味ではない。

実は個人的にはクラスルーム・イングリッシュの使用・不使用はどちらかといえばどうでもよいと考えている。授業内の決まり切った「ああせい、こうせい」という指示を英語で出して、それが理解できたからといってどうということはない（雰囲気作りのために使いたければ使えばよいが、その場合、生徒のお手本となる発音とリズムでしゃべることが絶対条件である）。

私自身はこの意味でのクラスルーム・イングリッシュは今ではほぼまったく使わない。指示は基本的に日本語である。「じゃあ次は〜をやるぞ！」そのほうが指示がよく通るし、メリハリがある。では、どこで英語を使えと言っているのかと言えば、活動の指示などという周辺部分ではなく、本文の意味に関する説明などの授業の中心部分で、である。事前に和訳を配るなどすれば、英語と日本語を照らし合わせることで、かなりの程度意味の理解は保証されている。だから安心して英語で説明するべきだ。そして、生徒にも英語で説明させてみるべきだ。つまり、意味を理解させるためにというよりも、理解した意味を英語で表現してみる練習として、英語を使ってみるということである。私の授業では指示は日本語だが、肝心の題材内容の説明に関しては教員も学生も英語を使うのを基本としている。

私は以前からこの意味で英語を使うことを、Expressing It in Your Own Words（EIYOW：えいよう（栄養）活動）と呼んでいる。基本的にはパラフレーズであるが、それよりも意味するものが広い。例えば、Mary loves music. に対しては、Mary likes music very much; Mary is a music fan; Mary listens to music a lot; Music is very important to Mary; Mary has a lot of music CDs; Mary cannot live without music. 等、すべて含む。つまり厳密なパラフレーズというよりも、関連する事柄、連想される事柄などを英語で表現することまで含むのである。Nobody can live without food. であれば、Food is very important; We need food to live; Without food, we cannot live; If you don't eat, you will die. 等、すべて含む。

一文が長くなれば、わかりやすくいくつかの文に区切ったり、具体例を補ったりすることも効果的だ。The Internet is a global computer network which enables you to communicate with people all over the globe. という文であれば、Computers all over the world are connected to each other. That is the Internet. If you use the Internet, you can exchange information with people in the world. などと区切ってみる。. . . enables you to . . . などという無生物主語構文であれば、you や we を主語にして生物主語構文にするとよい。

　Rachel Carson was a scientist who wrote about the danger of farm chemicals. なら、Rachel Carson was a scientist. Farmers used chemicals in their farms. They used them to kill insects. They used them to protect their vegetables. Carson was worried about those chemicals. Carson thought they were dangerous, and she wrote a book on it. などとすることができるし、In 1962 she finished her book *Silent Spring*. "Silent spring" means a "spring without life." という文なら、In 1962, her book *Silent Spring* came out. She wrote about spring after all the birds and insects are gone. The spring is silent because no birds sing and no insects make sounds. などと説明することができよう。

13. 一斉形態をなるべく減らせ

　そして最後に、一斉形態に関して最も大切なことは、授業内でその形態をとっている局面をできる限り短縮することである。

靜流 英語教師実力テスト 4: 授業時間内での生徒の発話時間

> 問題: 授業は 50 分間続く。生徒は誰でも 50 分間は教室に座っている（立っている場合もあるが . . .）。そこで、ひとりひとりの生徒に着目した時、ひとりの生徒がその 50 分間の中で、何らかの英語を口にしている平均時間に近いのは次のうちどれか。なお、「授業」には、「文法」や「ライティング」等、すべての英語授業を含む。
>
> A　1 分未満
> B　25 分未満
> C　25 分以上
>
> 採点: A＝0 点　B＝5 点　C＝10 点

13. 一斉形態をなるべく減らせ

　英語の授業を観察した時、その良し悪しを端的に判断できる1つの物理的かつ客観的な基準が、生徒ひとり当たりの平均発話量である。どの生徒でも平等に50分間は教室にいるわけである。その50分間の中で、ひとりひとりの生徒に着目した時、何らかの形で英語を口にしている時間が1分に満たないような授業を100回受けたとしても、「英語が使えるようになる」という点でほとんど意味がないことは明らかである。

　高校での典型的な訳読授業がそうだろう。個人が当てられて、1センテンスを音読し(これとてない場合さえある。またこの音読の際、音読の仕方についてアドバイスが与えられることは極めてまれである)、(多くの場合間違いを含む)訳を言い、それを教師が訂正して正しい訳を言う。このサイクルが延々と繰り返される。1回の授業で全員が当たることはないだろうから、英語とは言えないような発音で音読するのを「発話」として勘定したとしても、ひとり当たりの発話時間は1分にもはるか満たない。

　授業の種類を問わず(リーディングでもライティングでも文法でもリスニングでも)、授業時間の少なくとも半分は、全員の生徒が何らかの英語を口にしている(あるいは聞いている)ように持って行くことを目標にするのがよい。

　ここで「全員の」がキーワードである。教師がひとりを指名して英語で質問し、その生徒が英語で答えるような「一対多」のいわゆる teacher-fronted な形式に頼っているのでは、仮に50分全部を英語で行ったとしても、50分を40で割れば50÷40＝1.25分に過ぎない。

　ここに今はやりの「全部英語で行う授業」の落とし穴がある。最近研究授業というと、「とにかく英語で授業を進めよ」という圧力が指導主事などからかかるらしい。しかし、授業時間のほとんどを教師が英語をしゃべっているが、肝心の生徒の側の英語発話量はさっぱりだ、という授業が多い。(1) 先生がずっと英語でしゃべっていて生徒はほとんど黙っている授業、と (2) 先生は大して英語をしゃべらず指示も日本語で与えるが生徒はかなり英語をしゃべっている授業、の2つを比べれば、明らかに (2) のほうが良い。

　「授業時間の3分の2以上は全生徒が発話を続ける」を実現するためのキーはペアワークまたグループワークである。ペアワークというとオーラ

ル・コミュニケーションの教科書にあるようなAさんとBさんの対話形式の教材を想像するかも知れないが、リーディングでもライティングでも文法準教科書でも、およそどんな教材でもペアワークを行うことは可能である。その方法は次章で具体的に提示する。

第5章 ペア授業の心・技・体

　この章では、1) たとえ生徒が和訳を持っていてもそれが助けにこそなれ邪魔になどならない方法で、2) 生徒ひとりひとりが授業中にできる限りターゲット言語である英語を口にする状況を作り出すような、ペア（およびグループ）ワークの手法を、具体的なリーディング・テキストを題材にして紹介する。

　各論に入る前に、ペアワークと一対多活動の関係について押さえておきたい。第3章で検討したように、ペアワーク形態には長所もあるが限界もある。その最大のものはパフォーマンスの質についてフィードバックがしにくい、ということである。ペアの片方に正解を持たせる形にすれば、語彙・文法面でパートナーがそこからはずれた時には相手が訂正してやることは可能である。しかし、その場合であっても、「発音・リズム面での非英語」が生成された時に、適切なフィードバックを与え合うことは、生徒同士には期待できない。

ペアと一対多のサンドイッチ構造

　そのようなペアワークの短所を補い、長所を最大限に活用するためには、1つ1つのペアワークについて、次のようなサンドイッチ構造を持たせることが必要である。

一対多：目標提示 → ペアワーク：練習 → 一対多：成果チェック

(1) プリ・ペアワーク

　ペアワークの前に一対多で目標を提示する。ペアワークのやり方や答え方を指示するのは当然だが、それに加えて「発音・リズム面での要求水準・達成目標」を明示してやる。当該のペアワークの直前にそのペアワークの材料に関して発音面で意識すべきところを指摘するだけでなく、より広い意味で、普段から一対多状況での音読練習などの場で、音声面で目指すべきレベルを繰り返し刷り込んでおくことが重要なのだ。
　つまり、ペアワークの最中は発音・リズム面での訂正はしてやれないのだから、それが可能である一対多状況の場で、予め十分訂正的フィードバックを繰り返し、こちらの求める（＝生徒が目標として努力すべき）英語の読み方、発話の仕方をたたきこんでやることが必要だということである。逆に言うと、ペアワークをしている時の生徒の発話の音声的品質を決めるのは、プリ・ペアワークでの一斉指導だ、ということだ。
　例えば、日本人に特徴的な（英語では epenthesis と呼ぶ）不要な母音挿入現象、例えば、And I was very sad. を、「アンドオ、アイワズウ、ベリイイ、サッドオ」と言うような現象がペアワークの場で出てくるのは、普段の一斉指導のやり方が不十分な証拠なのである。私の授業を2～3回以上受けた生徒・学生で、母音挿入を続ける者はひとりもいない。意識しないとつい昔の癖でやってしまう者はいるが、それを悪びれない学生、少なくとも避けようと頑張らない学生はひとりもいない。
　なぜかというと、そういう音声面の「非英語」に接した時に、私は徹底的に「たたく」からである。つまり、

(1)　それは英語ではないことを明確に指摘（「英語じゃねえよ、それ」）し、

(2)　英語でないものは許容しないことを恫喝的に断言し（「それ、きちっと英語で言ってみろ」）、

(3) どうやれば英語が発音できるかを懇切丁寧に教え（「アンドオ、じゃなくて アンd」）、
(4) 具体的なペナルティ（「はい、失格！ 残念でした。立ってろ」）を頑として与え続ける、

からだ。「ペナルティ」は生徒にとって不快でかつ不利益感を与えるものなら何でもよい。英語音声を発しているクラスメートはどんどん得点を重ねるが、非英語を発している自分はいつまでたっても得点がもらえない、とか、英語音声を発しているクラスメートは椅子に座ることを許されるが、非英語を発している自分はいつまでも座れなかったり、何度も立たされたりする、といったことである。

(2) ワイル・ペアワーク（While-Pairwork）

ペアワークの間も、生徒たちが活発に声を出しているということだけで安心していてはいけない。応援団の練習ではないのだから、決して大声を出すのがポイントではないのである。声が大きいにこしたことはないが、それ以上の意味はない。それよりも、きちんとした「英語音」を出しているか否かが大切なのだ。

ペアワーク中は適宜教室の中を歩き回り、生徒の声に耳を澄まし、口元を観察すべし。the を「ザ」と発音している者はいないか（必ずいるはずである）。母音挿入をしている者はいないか（これも必ずいるはずである）。R を日本語のラ行音で発音している者はいないか（必ずいるはずである）。そういう「不心得者」を見つけたら間髪を入れず、指さしとともに叫ぶ。「そこ！ TH！」「ほら！ F！」 つねに先生が見ている、という緊張感を与えることが重要である。

ペアで一所懸命やっているのに横から口を出したら悪い、などとはとんでもない心得違いである。一所懸命生徒がやっているからこそ、一所懸命アドバイスしてやるのである。いつでもどこでも「非英語」を見つけたら、間髪を入れず、その瞬間、その場で、大声で、直接訂正してやることが絶対必要だ。生徒を良くしてやりたいなら、ダメを出せ！

(3) ポスト・ペアワーク

　そして最も大事なのが、ペアワークが終わった後に、練習成果をきちんとチェックして具体的に評価してやることだ。皆と楽しくガヤガヤと英語らしきものをしゃべって終わり、では、一見「活発な授業」のようでも、英語の上達という意味ではほとんど意味がない。ペアワークの質が保証されないからである。単に遊んでしまう生徒も増えてしまうかも知れない。ある意味で、それは当然である。生徒に限らず人間は誰しも易きに流れる性質があるからだ。そういう性悪説を前提として、それを食い止めてやるのが教師の役目であり、愛情なのである。

　具体的には、たった今までペアワークで練習していた内容を、今度は一対多、つまり、ひとりずつ指名してやらせてみて、その結果を、「よし」「ダメ」「まあ、おまけ」などとはっきりと評価してやるのである。間違っても、非英語に対して"Very good!"などと無意味なことを口走ってはならない。それをした瞬間に、その生徒の成長は止まる。評価の結果は、「立たせる」「座らせる」などと具体的に目に見える形で表すのが明快でよい。

＊　　　　＊　　　　＊

　以上のような「サンドイッチ構造」を利用する、ということを前提とした上で、次の題材を利用したペアワークの具体例を紹介してゆく。

　Our cat Kyle was leading an ordinary life living with an ordinary human couple in Osaka, until two years ago when he was suddenly made to fly. My husband Toshi got a chance to teach Japanese for a year at high schools in Melbourne, Australia. Since we did not have anyone we could ask to take care of our "son" while we were away, we decided to take him with us.

　Flying to the smallest continent in the world, however, turned out to be no picnic for a cat. First, Kyle needed to have a microchip implanted under the skin at the back of his neck. The chip, about the size of a grain of rice, would carry his ID information. We had no choice but to believe that implanting the chip was indeed painless as the vet reassured us.

　Second, we learned with horror that Kyle could not fly with us in the passenger cabin. He needed to be loaded as cargo! Would he not freeze to death? When we learned that there would be some heating in the cargo area, we then began to worry about whether or not his cage would be placed next to a barking dog's.

　But the fact that made us feel worst was that, when Kyle arrived in Australia, he needed to be kept in a quarantine station for 30 long days, to have it checked if he had any diseases. As an agricultural country, Australia has particularly strict rules on importing animals. For example, cats and dogs imported from some countries need to stay in quarantine for as long as 120 days.

（東京書籍 *Power On English Reading*. Lesson 2. What I Learned from Flying My Cat を改変）

1. 語彙と訳語のマッチング

高校の授業を観察して最もよく使用されているようなのが、語彙とその訳語（「意味」という用語を用いている場合が多く、「日本語訳」と「意味」が未分化なのかなと考え込まされてしまうが...それはさておき）のマッチングである。頻繁に見られるがあまり感心しないのは、次のような形式のワークシートを使うものだ。

		Words/Phrases	品　詞	意　味
1		ordinary		
2		human		
3		continent		
4		turn out to be ～		
5		no picnic		
6		microchip		
7		implant		
8		grain		
9		painless		
10		reassure		

レイアウトに多少の違いはあっても、基本的には左側に英単語やフレー

ズが書いてあり、右が空欄になっていて「意味」を書かせるようになっている（英単語の左の 2 列はペアワーク時などのチェック欄である）。

品詞と意味の空欄は予習時あるいは授業中に「正解」で埋めさせ、授業中には生徒 A が左側の英単語を読み上げ、それを聞いて生徒 B が「意味」（＝日本語の訳語）を言う、という活動に使うのである。このワークシートの問題点は次の 4 つである。

(1) 英語が与えてあって、それに対する「正解」として日本語の訳語を記入する形式であること。
(2) 英語が左側にあって、日本語が右側に来るレイアウトであること。
(3) 品詞を明示的に書かせること。
(4) 英語が単に本文に出て来る順番で上から配列されていること。

予習作業、あるいはペアワークの方向として、「英→日」の作業をするのは英文和訳と同列で、英語が出発点で日本語が到達点だという発想に立っている。英語を見た時に日本語が想起できることを第一の、そして最終の目標にしているのだ。英語を読んだり聞いたりするのは、自分でそういう英語を書いたり話したりできるための材料収集なのだ、という発想がない。

これでは最終的に英語が記憶に残りにくいだろう。英語が左で日本語が右というレイアウトもこれと連動している。横書きの場合、目の動きは左から右なので、当然左のものを先に読んでから右のものを読む。つまり右側に配置されているものが「到達点」なのだ。

次の「品詞」だが、これもちょっとイカガナモノカ。まあ確かに高校生くらいになれば品詞の概念も押さえておいて欲しいとは思うが、その反面、そういう作業はややもすると「文法のための文法」「分類のための分類」になりがちである点は否定できない。品詞と言っても、文法学者でなく英語ユーザーとしてはっきり意識しておくべきは、名詞、動詞、形容詞程度（しかも、それぞれ「名詞」「動詞」「形容詞」という用語自体は必ずしも必須ではない）であって、後は全部「その他」でいいのでは？（白状しておくと、少なくとも今でも私の頭の中はそんなものである。副詞と接続詞の区別などかなり怪しく、「therefore という接続詞は…」などと言って「副詞です」と訂正されたりする。だって「つなぎ言葉」なのだからつい「接続詞」

と思ってしまうのは人情でしょ?) 念のため言っておくと筆者の英語は純日本製で、日本国内でテープ教材やラジオ講座を聴いて勉強した成果である。ある語がどういう「名称」の品詞に分類されるか知らなくとも、英語で論文は書けるし TOEIC の 990 点もとれる。だから単なる良い英語ユーザーになろうとしている生徒たちから「解答」として品詞を引き出そうとは、私は思わない。

　上のワークシートは、品詞を書かせようとする反面、この単語リストの中にどのような順序で品詞が出現しているかにはまったく無頓着である。単に本文中に出現する順番で掲載する結果、品詞はばらばらである。ここはむしろ名詞は名詞、動詞は動詞でまとめて提示してやったほうが、英単語の定着のためには良いのではないだろうか。

　上のワークシートで良くないと思うもう1つは次の点だ。

　(5)　音声面に注意を向けさせようという意識が感じられない。

　もちろん音声を紙の上で表現するのは容易ではない。しかし音声のある部分を効果的に紙の上で表現することはできるのだ。

　以上の欠点を改善し、私が提案する単語の(訳語ベースの)ワークシートの例は次のようなものである。

■例にならってそれぞれの訳語に対応する英単語を記入しなさい。該当する英単語は、表の下に示してあります。

訳語	英単語	音節区切り	ポンポンパタン
普通の 痛みのない 人間の	ordinary	or-di-nar-y	○ o o o
粒 マイクロチップ 大陸			
安心させる 埋め込む			

human　continent　microchip　implant　grain　painless　reassure

　生徒はこのワークシートの空欄を予習で埋めてくる。見ての通り、訳語

をもとにして (1) 対応する英単語を綴り、(2) それを分綴し、(3) その分綴と強勢パタンを表す「ポンポンパタン」を書いてくるのである。日本語の訳語を与えておくだけだと、そこから教科書の本文に使われている英単語に到達するのは (和英辞典は使用させないのが前提なので) ハードルが高過ぎるかも知れないので、選択肢として英単語は下にまとめて与えてある。生徒のレベルによっては、「この日本語の訳語に当てはまり、かつ本文中に出てくる語」を自力で探させることもよいだろう。いずれにせよ、授業では解答を確認してから、次のようなペアワークに入る。

パタン1.1　訳語から語を想起

生徒A：シートを見ながらランダムに訳語を言う。
生徒B：何も見ずに対応する語を正しく発音する。

パタン1.2　訳語から語をすばやく想起

生徒A：シートを見ながらランダムに訳語を続けざまに言う。
生徒B：何も見ずにそれぞれに対応する語を正しく、しかしできるだけ早く発音する。
(生徒Aが最初の訳語を言う瞬間から、生徒Bが最後の語を発音し終わる瞬間までの目標タイムを、例えば10秒、とか決めておくといいだろう)

　よく行われるパタンとの違いは、刺激と反応の方向である。英→日だと、日本語が反応 (＝応答、正解、最終プロダクト) だが、日→英なので、英語が最終プロダクトであることが強く意識される。この逆パタンで、生徒Aが英語を言い、生徒Bが日本語を言うのは、静流のプリンシプルからすると、させてはならない。授業でもテストでも、とにかく「応答」「解答」として日本語は言わせないし、書かせない。
　ある程度ペアワークをしたら、ポスト・ペアワーク活動として全体のチェックをする必要があるが、この場合、応答するのが単一の語なので、あまりにもハードルが低く、そのままではあまり盛り上がらないかも知れない。盛り上げるためには、やはりスピード要素を利用するのがいいだろう。スピード要素を利用するには、(1) 6〜7名で列での競争にする、(2)

ランダムに一対一での競争にする、(3) 1 名だが時間との競争にする、などが可能だ。

(1) 列での競争

　5〜6 名での競争は、横の列を利用すればよい。教室の横に 1 列（一番うしろの列から始めるのがよいだろう）になっている生徒を全員立たせる（普通 6 人〜7 人くらいになるだろう）。その状態で、教師のあなたが上のワークシートから 1 つ選んだ訳語を言い、それに対して最も早く、しかし「正確な発音で」対応する英単語を叫べた者が座る、という活動にする。想像すればすぐわかるが、「正確な発音で」という縛りをかけておかないと、単なる早口大声大会になってしまう。盛り上がるけれども英語習得的には無意味だ。こういう時こそ合格のハードルを厳しくすることが、生徒たちの発音を少しでも自動化状態に近づけてやるのに大切なのである。

〈例〉
教師：はい、一番後ろの列全員立て〜！　じゃあいくぞ...「人間の」！
　　　（以下ほとんど同時に）
鈴木：ヒューマン！
田中：ヒューマン！
高橋：ヒュームヌ！
教師：はい、高橋が正解。いつも言ってるだろ。human みたいのは「マン、マン」言わない！　弱い部分は、「マ」か「ミ」か「ム」か「メ」か「モ」かわからないような感じで適当に発音するのがコツね。それから最後の n は必ず舌先を「ンヌ」と歯茎にきちんとつけること。はいみんなで言ってみよう、ヒュームヌ！
全員：ヒュームヌ！

　こうして一番後ろの列が終わった後は、高橋だけ座らせて、後の者は引き続き立たせておき、高橋の前の席の生徒だけが新たに参加して別の単語で競う、など複雑なことをしてもよいが、そうするといつまでも答えられない生徒の前方に座っている生徒たちにはずっと順番が廻ってこないし、またずっと立っている生徒の心理状態がどうのこうのと面倒かも知れない。

よって、ここは単純に、勝負がついて高橋が一番早かった、と決まった時点でその列は座らせ、新たにその前の列を立たせて次の単語に行くことにしよう。それでも十分クラス全体を興奮させることはできる。必要なら、全部の列が終わったらまた一番後ろに戻り、今度は先ほど「列優勝」した高橋を除いた6名で同じことをやったりすればよいのである。

(2) 一対一の競争

同じことを、列の全員ではなく、教室全体からランダムに2名を指名して行うことができる。2名で競わせ、勝敗がついたら勝った者は座らせ、負けたものはそのまま立たせておき、新たに別の1名を指名して、また競わせる。

〈例〉
教師: はい、じゃあ練習の成果を見てみよう。ひとりは...太田選手！ 対するは、...中村選手！ はい立て。(太田と中村立つ) じゃあいきま〜す...穀物の「粒」！
太田: (日本語発音で) gレイン！
教師: ...(無言)(あるいは「そんな単語は知らんなあ...」とできるだけ冷たく言い放つ)
中村: (ゆっくり正確に) gRain!
教師: マル！ 中村座っていいよ。じゃあ、次は田中選手、立って。(こうして今度は太田 vs. 田中のマッチを行う)

何度かやってもずっと座れない生徒が出たらどうするか、ということをよく質問される。私の場合なら、別に気にせず放っておくし、そういう感じでやっても楽しくできるような授業の雰囲気を作っておけばよいと思う。しかし気になるなら、新たに2名とか3名とか指名して、一対一ではなく3人とか4人とかでやるとよい。ずっと立っている1名が目立たなくなるし、そのうち何かの間違いで一番に言えて座らないとも限らない。

(3) ひとり指名して時間との競争

これは、ひとりに対して連続してランダムにすべての訳語を出題し、す

べて言い終わるまでの秒数が制限時間をクリアしたかしないかで合否(?)を決める、というパタンである。例えば上の9語を10秒で言い終えれば合格（＝座ってよし）とか決めておき、ストップウォッチを準備した上で、次のように展開する。

〈例〉
教師：はい、じゃあ全部を10秒で言い終わるやつをやろう。河野！（河野立つ）準備はいいか？
河野：はい。
教師：埋め込む
河野：implant
教師：痛みのない
河野：painless
　　　（中略）
教師：安心させる
河野：りassure
教師：R！
河野：Reassure
教師：（ストップウォッチを見て）11秒55！（クラス全員：「惜し〜い！」などとどよめく）reassure を最初からちゃんと言ってれば行ったな。

2. 語彙と定義のマッチング

　すぐできるのは本文中に使われている語とその定義（英語）を用いたペアワークである。基礎段階としては、語彙の選択も定義の準備も教師がしておくのが現実的だろう。語を選ぶ時は欄外の「新出語」であるかどうかは大して気にする必要はない。むしろ定義が英語で言いやすいかどうかのほうが重要である。すると自然に名詞、形容詞、動詞などが中心になる。例えば次の語を選んだとする。ordinary; continent; microchip; implant; grain; ID; painless; vet; reassure; horror; passenger; cabin; load; cargo; freeze; bark; quarantine; agricultural; import. 次に定義だが、学習者用の英英辞典

(Longman、Oxford など) の定義をいくつか参考にして書く。その時注意すべきは定義の長さである。ここでは最終的に生徒が顔を上げて言えるようになるのが目標なので、厳密さを求めるあまり詳しすぎる (長すぎる) 定義は目的に合わない。思い切ってシンプルに短くするのがよい。以下の定義は Longman と Oxford を参考にして書いたものである。

そして定義の意味がわからないのではそれこそ意味がないので、(必要に応じて) 日本語訳を添えておくことにしよう。

	ordinary	not special in any way (どのような点でも特別でない)	
	continent	one of the main masses of land (主たる土地の塊の1つ)	
	implant	to put (something) into someone's body (人の身体に (何かを) 入れる)	
	grain	a single seed (1つの粒)	
	ID	who you are; what your name is (自分は誰か、名前は何か)	
	painless	causing no pain (痛みを引き起こさない)	
	vet	someone who gives medical care to animals (動物に医療をほどこす人)	
	reassure	to make someone feel less worried about a problem (人がある問題について、より少なく心配するようにしてやる)	
	horror	a strong feeling of shock and fear (強い、ショックと恐れの感情)	
	passenger	someone who is traveling in a vehicle, *but is not driving it or working on it* (乗り物で移動しているが、ただしそれを運転していたり、働いているのではない人)	
	cabin	the area inside an airplane where people sit (飛行機内の人が座る場所)	
	load	to put (something) onto a ship or plane ((何かを) 船や飛行機に積む)	
	cargo	goods carried on a ship or plane (船や飛行機で運ばれる品物)	
	freeze	to become very cold (非常に冷たくなる)	
	bark	A dog makes a short, loud sound. (犬が短い大きな声を出す)	

	quarantine	keeping a person or animal apart from others *in case they have a disease*（病気を持っている場合に備えて人や動物を他から離しておくこと）	
	agricultural	growing crops or keeping animals on a farm（農場で穀物を育てたり動物を飼ったりするような）	

※イタリック体の部分は、場合によっては省略可。

このプリントを配布して、次のようなペアワークを行うことができる。なお、いちばん左と右の空欄はチェック欄である。

パタン 2.1　定義から語を想起

生徒 A：プリントを見ながら、ランダムに単語を選び、その定義を読み上げる。

生徒 B：何も見ずに生徒 A の言う英語を聞き、その定義が説明している単語を言う。

〈例〉

A：The area inside an airplane where people sit

B："cargo"

A：No.　The area inside an airplane where PEOPLE sit

B："cabin"!

A：Bingo!

　このペアワークをする時には、ターゲットの単語はもちろん、定義のほうも英語らしく言えなければ意味がない。生徒の間を歩き回り、定義の音読の仕方についてアドバイスを出し続けよう。

パタン 2.2　語頭文字と定義から語を想起

生徒 A：プリントを見ながら、ランダムに単語を選び、その頭文字を言ってから、その定義を読み上げる。

生徒 B：何も見ずに生徒 A の言う英語を聞き、その定義が説明している単語を言う。

〈例〉

A: This word begins with an "h." It means "a strong feeling of shock and fear."
B: "horror."
A: Bingo!

　パタン2.1との違いは、いきなり定義を言う前に語頭の文字を言わせる点である。Bの立場からすると、最初に語頭文字情報が与えられれば、頭の中で、「よし、hで始まるのだな。さあ来い、h...」と、単語イメージを絞りやすいということがある。言うならば、野球のバッターボックスに立っていて、次にピッチャーが投げてくる球種が「外角高め」とわかっているようなものだ。Aに語頭文字情報を言わせるもう1つの重要な意味は、begins with a(n)［文字の名前］という表現を使わせることで、with の th の発音を練習させ、an "m"（アネム）、an "e"（アニー）などの、nでつなぐ練習をさせたいからである。当然、生徒の間を回り、耳を澄ませて th や n にダメ出しをする必要がある。

A: This word begins ウィズ　アン　エイチ
教師: th!
A: This word begins with アン ...
教師: つなげて言う。wi tha neich のように。
A: ウィ　ザ　ネイチ

パタン 2.3　定義と選択肢から語を想起

生徒A: プリントを見ながら、ランダムに単語を選び、その定義を読み上げ、それに続いて正解を含む2つ（もしくは3つ）の語を言う。
生徒B: 何も見ずに生徒Aの言う英語を聞き、その定義が説明している単語を、選択肢の中から選ぶ。

〈例〉

A: This word means "one of the main masses of land." "Grain" or "continent"?

B: "Continent"!
A: Bingo.

　上の説明ではすべて生徒Aは「定義を読み上げる」としておいたが、定義を利用したスピーキング練習だという趣旨からすると、完全な読み上げから徐々に語句やフレーズ単位の read and look up に移行し、最終的には1つの単語の定義全体を一気に言えるように練習させるのがよい。私の経験では「スピーキングの練習になるから、なるべく顔を上げて言うようにしてごらん」と言うと、かなりの程度顔を上げるようになる。この練習を十分積み重ねた後は、逆に生徒Aが問題としてターゲット語の1つを言い、生徒Bに答としてその定義を言わせるとよい。

パタン2.4　語から定義を想起

A: What does "vet" mean?
B: A vet is someone who gives medical care to animals.
A: I see.

パタン2.5　語から定義を想起して復唱

　問題を言わせた生徒Aに、生徒Bの言う定義を復唱させるとさらによい。

〈例〉
A: What does "reassure" mean?
B: It means to make someone feel less worried about a problem.
A: To make someone feel less worried about a problem?　I see.

パタン2.6　定義の口ポン穴埋め

　すぐ気づくように、パタン2.1～2.3とパタン2.4の間にはかなりの難易度ギャップがある。それを埋める1つの方法は、答として定義全体を言わせるのでなく、一部を言わせることである。目で見た場合の（　　）を、口で言う場合は「ポン！」という音を出す（＝口ポン）ことにしておき、「ポン！」に当たる部分の語を言わせればよい。

〈例1〉
A: "Passenger." Someone who is traveling in a ポン！ but is not driving or working on it.
B: vehicle
A: Bingo!
〈例2〉
A: A passenger is someone who is traveling in a vehicle but is not ポン！ or working on it.
B: driving
A: Right.

3. 語彙と例文のマッチング

　上で定義を扱った語彙の、今度は例文を使うことを考えてみる。例文は、辞書等を利用して新たな例文を持って来るのももちろんアリだろうが、ここではより（教師にとって作成が）手軽で、（生徒にとっても）取り組みすい、教科書本文をほぼそのまま利用することを考えてみる。以下のようなワークシートを作る。左の欄にはターゲット語を、右の欄には本文中の、その語を含む文をそのまま、もしくは形をほんの少し（やりやすいように）整えたものを書く。「やりやすく整える」というのは、

> Our cat Kyle was leading an ordinary life living with an ordinary human couple in Osaka, ... → Our cat Kyle was leading an ordinary life in Osaka.

のように、文の一部を省略して生徒が覚えやすい長さにしたり、

> First, he needed to have a microchip implanted under the loose skin at the back of his neck. → Kyle needed to have a microchip implanted.

のように、つなぎ言葉（First）を省略したり、代名詞（he）の指すものを復元したりして、独立した文としての意味を明確にすることである。

3. 語彙と例文のマッチング

ordinary	Our cat Kyle was leading an ordinary life in Osaka.
continent	Australia is the smallest continent in the world.
implant	Kyle needed to have a microchip implanted.
grain	A microchip is about the size of a grain of rice.
ID	A microchip carries an animal's ID information.
painless	Implanting the microchip is painless.
vet	The vet implanted a microchip at the back of Kyle's neck.
reassure	The vet reassured us that Kyle would be okay.
horror	We learned with horror that Kyle could not fly with us.
passenger cabin	Kyle could not fly with us in the passenger cabin.
load	Kyle had to be loaded as cargo.
cargo	Kyle had to be loaded as cargo.
freeze	We worried that Kyle would freeze to death.
bark	Kyle's cage should not be put next to a barking dog's cage.
quarantine	Kyle needed to be kept in a quarantine station.
agricultural	Agricultural countries have strict rules on importing animals.

　このワークシートは単語と例文の境界の線で2つに折り、どちらかの面のみ見えるようにしておいて、次のようなペアワークに使うことができる。

パタン3.1　例文の□ポン穴埋め

生徒A： 例文をランダムな順序で、下線部の語を「ポン！」で代替して読み上げる。

生徒B： 左のコラムの語群だけを見ておき、読まれた例文に適する語を言う。

〈例〉

A： Kyle needed to be kept in a ポン！ station.

B： quarantine

A： ピンポーン！

　すでに定義の練習がある程度してあるならば、1回目で正解が出にくい場合は、「その語の説明を英語で加えてもよい」ということにしておくとよい。

〈例〉
A：A microchip carries an animal's ポン！ information.
B：...わからん。ヒント。
A：It's about the animal's name, owner, etc.
B：ああ、ID!
A：ピンポーン！

　ヒントとして定義でなく、語頭の文字を言ってよいことにしてももちろんよいが、その場合、生徒Bはワークシートを一切見ずに答えることにする必要がある。そうでないと語群の中から単にその文字で始まるものを見つけて答えることになってしまうからだ。

パタン3.2　単語から例文を想起

生徒A：単語を言う。
生徒B：その単語を含む例文を言う。

　実際にこれをランダムにやるとなると、生徒Bはすべての例文を覚えている必要がある。とても無理だと思う読者もいるかも知れないが、教師の力量(というか腕力)さえあれば決して無理ではない。
　私が大学の授業で用いる教科書は、このような重要語彙とそれを含む例文がセット(8個程度)になっているセクションがあるものが多いが、学生には授業の予習として、その8個の例文をすべて覚えてくることを要求する。しかし、ただ「要求する」だけでは学生もやる気が起きないので、授業の最初は必ずその例文を書かせる小テストを行っている。時間の関係で、すべての例文でなく、その場で選んだ3つか4つ程度を書くものだ。キューとして私がターゲット語を言い、学生はそのターゲット語を含む例文を記憶から呼び起こして書く。

〈例〉
私：じゃあ次。Reassure.
学生たち：(The vet reassured us that Kyle would be OK. と書く)

3つか4つ書いた時点で終了。すぐに隣同士で交換させて採点する。採点方法はシンプル・イズ・ベストなので、単語が1つ合っているごとにマル1つつけるというもの。抜けている語があろうがなかろうが、とにかく正解の文に含まれる語が1つ書いてあるごとに1つマルをつける。

Vet reassured us that Kyle would be OK. は9点満点中の8点。
The vet reassured us that Kyle is OK. は7点。
Vet reassured Kyle be OK. は5点。

そして、
The vet reassured us Kyle would be OK. も、8点。つまり文法的に正しかろうが、あくまで「モデル文」との異同を問題にする。
　そうしないと生徒同士での採点ができない。特に英語が得意な者だと、モデル文とは違うが英語としては正しい文を書いて来る場合もあるが、そういう時も私はまったくためらいなく減点を指示している。あくまで例文をそのまま暗記してくるのが目的だからである。学生にもそのように説明しているし、それで不満が出たことはない。
　またそれぞれの単語は正解だが語順が逆になっている2語があったとしたら、どちらかを生かしてどちらかをバツにする。もし4文の総語数が52語だったら、52点満点のテストになる。
　そのくらいのプレッシャーをかけてかなりの程度覚えてきているならば、上のペアワークもなんとか実施できるだろう。
　しかしそれほど覚えてきていないならば、その場で覚えるようなペアワークはどうだろうか。

グループワークとして

　今までのペアワークはすべて、生徒A生徒Bの役割をある程度は固定し、少なくとも3つくらいは続けて同じ役割をする想定だったが、ここでは、ゲーム的にペアの中での勝ち負けによって役割を変えることにする。パタン3.2と同様に生徒Aは単語を言い、生徒Bはその例文を再生するが、その単語はランダムではなく、リストの上から順番につぶしてゆくことにする。そして、Aの役割の者は座って、Bの役割の者は立って行うこ

ととする。もしBが正しく例文を再生できたら、攻守交代して、たった今Bをやったほうは座ってAとなり、逆にAはBとなって立ち、次の語に移る。しかしもしBが正しく例文を再生できなかったら、攻守は交代せず、同じ者がBの役を続けたまま、次の単語に移る。

　こうすると、ふたりとも順調に覚えて再生できれば、交互に立ったり座ったりして進行し、片方が覚えられなければ、その覚えられないほうがずっと立ったまま進行する。

　例えば次のようである。単にAとBでは今回はわかりにくいので、「鈴木」と「佐藤」という生徒がやっていることにしよう。

〈例〉
鈴木：よし、じゃあ最初は俺が言うからお前が答えろ。お前立てよ。ordinaryの文だ。
（佐藤、必死にordinaryの例文を暗記する。制限時間は約10秒と言っておく）
鈴木：はい時間です。（佐藤はワークシートから顔を上げて鈴木を見る）いくで。ordinary.
佐藤：Our cat Kyle was leading . . . an ordinary life . . . in Osaka.
鈴木：ピンポーン！　ちょっとつっかえたけど、まいっか。じゃあ交代な。（と言って立つ。佐藤は座る）今度はcontinentだな。（必死に例文を覚える。10秒経過）
佐藤：はい。じゃあcontinent.
鈴木：Australia is smallest continent in the world.
佐藤：はい残念でした!!　the smallest continentのtheが抜けたからダメね。Australia is the smallest continent in the world.
鈴木：ああそっか。Australia is the smallest continent in the world.
佐藤：はいじゃあ、まだお前の番ね。次はimplantの文を覚えろよ。
鈴木：くそ〜！（と言いつつ必死にimplantの例文を覚え始める）

4. 英語チャンクの再生

　人間は言葉を話すとき、単語を 1 つ 1 つ想起して組み立てるわけではない。例えば、

Our cat Kyle was leading an ordinary life living with an ordinary human couple in Osaka, until two years ago when he was suddenly made to fly.

という文を言うとき、Our + cat + Kyle + was + leading + an + ordinary + life + ... というように一語一語想起しているわけでなく、おおざっぱに言って、

[Our cat Kyle] + [was] + [leading an ordinary life] + [living with] + [an ordinary human couple] + [in Osaka] + [until two years ago] + [when he was] + [suddenly made to fly]

のように、[ ] で囲まれた意味のかたまり「チャンク」を単位として話していると考えられる。ここでチャンクとは、それ自体である程度意味が完結 (self-contained) しており、その内部では話者が何も考えずに (＝認知資源を大して消費することなしに) 一気に生成することができる (＝一気に口をついて出る) 単語のかたまり、としておく。

　どのくらいの長さがチャンクを形成するかは、英語の熟達度によって異なり、熟達度が進むにつれて長くなるのだろう。母語話者のチャンクは非母語話者のそれよりも長い。かつ母語話者の手持ちのチャンクの数は非母語話者よりも圧倒的に多いと考えられる。母語話者があれほど (非母語話者から見れば) 速く、よどみなく話せるのは、(1) 一気に口をついて出るチャンクの長さの平均が長く、かつ (2) そのようなチャンクのストックが大量にあるからだ、と考えられる。

　よって学習者としては、一気に言えるチャンクをなるべくたくさん増やすことによって、話す場合 (および書く場合) の fluency を上げてゆくことができるだろう。そこで、そのようなチャンクに基づくペアワークを考えてみよう。

最初はチャンクの概念をわからせるために、教師のほうで適切な長さのチャンクを指定したプリントを配るのが効率的であろう。例えば、次のようなプリントである。

■教科書本文の次の部分（チャンクと言います）に下線を引きなさい。なお、「...」となっている部分の語には線を引く必要はありません。
パラグラフ1
- our cat Kyle
- leading an ordinary life
- living with an ordinary ... couple
- until two years ago
- was ... made to fly
- my husband Toshi
- a chance to teach Japanese for a year
- at high schools in Melbourne, Australia
- take care of our son
- while we were away
- decided to take him with us

パラグラフ2
- the smallest continent in the world
- turned out to be no picnic
- have a microchip implanted
- at the back of his neck
- about the size of a grain of rice
- carry his ID information
- had no choice but to believe
- implanting the chip was ... painless
- the vet reassured us

省略を表す「...」は、3ヵ所に指定してあるので、生徒は次の（　）内の語をスキップして線を引くことになる。

living with an ordinary (human) couple
was (suddenly) made to fly
implanting the chip was (indeed) painless

必要に応じてこのように「飛び飛び」で抜き出させるのは、1つにはチャンクの長さを抑えるためであるが、もう1つにはどの語が修飾語句でどの

語が骨組みなのかに気づかせる(意識させる)ためである。

このプリントを見て、生徒は教科書本文(もしくはそれをコピーしたプリント)に次のように下線をつけることになる。

> Our cat Kyle was leading an ordinary life living with an ordinary (human) couple in Osaka, until two years ago when he was (suddenly) made to fly. My husband Toshi got a chance to teach Japanese for a year at high schools in Melbourne, Australia. Since we did not have anyone we could ask to take care of our "son" while we were away, we decided to take him with us.
> 　Flying to the smallest continent in the world, however, turned out to be no picnic for the cat. First, he needed to have a microchip implanted under the loose skin at the back of his neck. The chip, about the size of a grain of rice, would carry his ID information. We had no choice but to believe that implanting the chip was (indeed) painless as the vet reassured us.

最初からこのように下線をつけたプリントをこちらで作って配ってやってもよいだろうが、自分の手で引かせることで、文の中でのチャンクの位置を意識させることができると思われる(もちろん、どんな作業も機械的にやろうと思えば機械的にやれるし、意識的にやろうと思えば意識的にやれる。意識的にやる生徒を増やすのは、教師の「声かけ」だろうと思う)。

さてこうして準備ができたら、次のようなペアワークをさせる。

パタン 4.1　指定チャンクの英英リピート

生徒A：チャンクに下線を引いたプリントを見ながら、ランダムな順序でチャンクを発音する。

生徒B：何も見ず、繰り返す。(繰り返せなかったら、繰り返せるまで同じチャンクを続ける)

〈例〉

A：have a microchip implanted.
B：have a microchip ... 何だっけ？
A：implanted.
B：ああ、implanted.
A：have a microchip implanted.
B：have a microchip implanted.

ここでの目的は、「別の文脈でも使えそうな汎用性、独立性の高いチャンクをintakeするよう練習すること」なので、あえてランダムにピックアップして練習することにする。本文の順序に沿ってしまうと、チャンクに当たっていない部分(欠けている部分)が気になってしまうであろう。このペアワークでも、ある程度時間が経過したら、全体を対象に、教師がAの役、指名した生徒をBの役にした全体チェックを必ず行うべきである。

〈例〉
教師：はい、やめ～！ じゃあ練習の成果を見てみよう。全員プリントを伏せろ～。じゃあいくぞ。佐藤！ have a microchip implanted.
佐藤：have a microchip implanted.
教師：マル。鈴木！ high schools in Melbourne, Australia.
鈴木：high schools in Melbourne, ...
教師：はいダメ！ high schools in Melbourne, Australia. はい！（これは、「全員でリピートしなさい」という合図だと決めておく）
全員：high schools in Melbourne, Australia.
教師：鈴木は立ってろ！ 次、島！ carry his ID information.
島：caLLy his ID inHormation.
教師：はいRとFがだめ。caRRy his ID inFormation. はい！
全員：carry his ID information.
　　　（島は立つ）

　このように、教員による一斉チェックの時、「発音やリズムも含めてきちんと言えないとダメなのだ」という要求水準を明確に打ち出してやることが決定的に重要である。これをして初めてペアワークの時にも、少しずつ発音にも気をつけるようになり、徐々に徐々に英語らしい音が出せる生徒が増えてゆく。逆に、「とりあえず言えればいいや。励ますためにマルにしてやろう」という態度を教員がとると、生徒の英語発音は永遠に上達しない。当然である。「それでいいんだよ。そのカタカナ発音で十分合格なんだよ。よくやった」という誤ったメッセージをもらってそれ以上になろうと努力したら逆におかしいだろう。

少なくとも、「今回はおまけしておくけど、その発音は英語じゃないぞ」ということをきちんと伝えておかないといけない。そして「次回」は発音も含めてきちんと言えないとマルにしないなど、ハードルを徐々に上げてゆかないといけない。それをせず、「発音練習は発音練習。スピーキングはスピーキング」という態度をとっていると、どちらも時間の無駄になる。

パタン 4.2 指定漸増チャンクの英英リピート

上でチャンクを決める際、例えば a chance to teach Japanese for a year at high schools in Melbourne, Australia などは切り方に悩むところであった。teach Japanese でも切れるし、a chance to teach Japanese も、teach Japanese for a year も、さらに「飛び飛び」の teach Japanese at high schools でも切れるような気がするからである。

そこで、このような「いろいろなところで切れる」センテンスの場合にはその性質を利用して、チャンクを徐々に長くしてゆくペアワークをしてみるとよい。

まず生徒に一気に言わせる目標を決める。例えば、a chance to teach Japanese for a year at high schools in Melbourne, Australia という名詞句をターゲットにするとしよう（どの程度の長さのフレーズを「目標」にするかはもちろん対象の生徒のレベルによって調整すればよい。「多くの生徒が一所懸命頑張れば到達できる」程度の長さがよいだろう）。

次にフレーズの中で核となる語句を決めよう。この場合は a chance を「核」にするのが適当だろう。この核の前後に、徐々に修飾語句を増やしながら、次のような「段階」を設定する。

第1段階： a chance
第2段階： a chance to teach Japanese
第3段階： a chance to teach Japanese for a year
第4段階： a chance to teach Japanese at high schools
第5段階： a chance to teach Japanese at high schools in Melbourne, Australia
最終段階： a chance to teach Japanese for a year at high schools in Melbourne, Australia

（第3段階と第4段階の関係に注意していただきたい。for a year という時を表す前置詞句と at high schools という場所を表す前置詞句は、いわば文

法的地位が対等で、どちらも文構造としてはオプショナルな部分である。それに気づかせる、あるいは意識させるために、第4段階のような「飛び飛び」のピックアップも入れてみるとよい。）

そして、この核を中心にして徐々に長くなるチャンクの第何段階まで顔を上げて正しい発音で言えるか、という課題にペアで取り組むのである。

やりやすくするために、次のようなワークシートを準備することにする。

どこまで言えるかチャレンジシート

2年　　組　　番　氏名 _____　　得点 _____

〈フレーズ1〉
1. was leading an ordinary life ~~living with an ordinary human couple in Osaka~~
2. was leading an ordinary life ~~living with an ordinary human couple~~ in Osaka
3. was leading an ordinary life living with an ordinary human couple ~~in Osaka~~
4. was leading an ordinary life living with a~~n ordinary~~ human couple in Osaka
5. was leading an ordinary life living with an ordinary human couple in Osaka

〈フレーズ2〉
1. a chance to teach Japanese ~~for a year at high schools in Melbourne, Australia~~
2. a chance to teach Japanese for a year ~~at high schools in Melbourne, Australia~~
3. a chance to teach Japanese ~~for a year~~ at high schools ~~in Melbourne, Australia~~
4. a chance to teach Japanese for a year ~~at high schools~~ in Melbourne, Australia
5. a chance to teach Japanese for a year at high schools in Melbourne, Australia

〈フレーズ3〉
1. ~~needed to~~ have a microchip implanted ~~under the loose skin at the back of his neck~~
2. ~~needed to~~ have a microchip implanted under the ~~loose~~ skin ~~at the back of his neck~~
3. ~~needed to~~ have a microchip implanted under the loose skin ~~at the back of his neck~~

4. 英語チャンクの再生

4. ~~needed to~~ have a microchip implanted under the loose skin at the back of his neck
5. needed to have a microchip implanted under the loose skin at the back of his neck

〈フレーズ4〉
1. ~~worry about whether or not his cage would be placed~~ next to a ~~barking~~ dog's.
2. ~~worry about whether or not his cage~~ would be placed next to a barking dog's.
3. ~~worry about whether or not~~ his cage would be placed next to a barking dog's.
4. ~~worry about~~ whether or not his cage would be placed next to a barking dog's.
5. worry about whether or not his cage would be placed next to a barking dog's.

〈フレーズ5〉
1. ~~needed to be~~ kept in a quarantine station ~~for 30 long days, to have it checked if he had any diseases~~
2. ~~needed to be~~ kept in a quarantine station for 30 ~~long~~ days, ~~to have it checked if he had any diseases~~
3. ~~needed to be~~ kept in a quarantine station for 30 long days, ~~to have it checked if he had any diseases~~
4. needed to be kept in a quarantine station for 30 long days, ~~to have it checked if he had any diseases~~
5. needed to be kept in a quarantine station for 30 long days, to have it checked if he had any diseases

見ての通り、各〈フレーズ〉ごとに、1から始まって徐々に長くなっている。このようにすべての段階で最終フレーズを書いた上で各段階で省略する部分に取消線をつける形式だと、最終フレーズのどの部分をどのように省略しているのかが一目瞭然で、わかりやすいであろう。このワークシートを用いて、次のようなペアワークを行う。

生徒A: 生徒Bのワークシートを受け取り、〈フレーズ〉ごとに、1→2→3→4→5の順番で音読する。生徒Bが正確に繰り返せたら、生徒Bのワークシートの当該段階の数字をマルで囲む。
生徒B: 生徒Aが言うフレーズを、何も見ずに、繰り返す。

〈フレーズ〉ごとに、マルで囲まれた最も大きな数字が、そのフレーズの得点になる。5フレーズですべて最終段階まで言えれば、25点である。「得点」をつけてテスト仕立てにしたが、その扱いは柔軟でよい。そのままワークシートを持たせておいて、次の授業でも挑戦させて自己記録の更新に挑ませるなどしてもよいし、もちろん回収して公式な評価のデータにしてもよい。

　ペアワークの後はやはり数名を指名してチェックを行う。教師がAの役をし、指名した特定の生徒にBの役をやらせるのだが、その際、教師たるもの、最初から最後まで何も見ずにやってみせるべきである。生徒と同じレベルでいちいち原稿を見ながらやっているのでは、リスペクトが得られず、ひいては生徒がついてこない。

〈例〉
教師：はいペアワークやめ〜！　じゃあ練習の成果を見るぞ。大山。
大山：はい。
（以下、教師は大山から一度も視線を外さずに話し続ける）
教師：next to a dog's cage.
大山：next to a dog's cage.
教師：would be placed next to a dog's cage.
大山：would be placed next to a dog's cage.
教師：would be placed next to a barking dog's cage.
大山：would be placed next to a barking dog's cage.
教師：his cage would be placed next to a barking dog's cage.
大山：his cage would be placed . . . next to a . . . barking dog's cage.
教師：whether or not his cage would be placed next to a barking dog's cage.
大山：whether or not his cage . . . would place . . . to a barking dog's cage.
教師：もう一回いくよ。whether or not his cage would be placed next to a barking dog's cage.
大山：whether or not his cage would be placed next to barking dog's cage.
教師：はい残念 a が抜けた。みんなで！　whether or not his cage would be placed next to a barking dog's cage.
全員：whether or not his cage would be placed next to a barking dog's cage.

パタン 4.3　自己決定チャンクの英英リピート

　パタン 4.1 やパタン 4.2 をある程度経験し、「チャンク」の概念がわかってきたなら、教師が指定する代わりに生徒個人個人がチャンクを抜き出すというペアワークも可能である。

生徒 A：教科書を見て自由にチャンクを決める。決まったらいったんワーキングメモリに格納し、顔を上げ、生徒 B を見て、そのチャンクを正しい発音で言う。

生徒 B：何も見ず、生徒 A が言ったチャンクを繰り返す。

（これは簡単なので、短時間に多くのチャンクを言うことを主眼にする）

　ペアワーク後の一対多の教師チェックでは、生徒を指名し、指名された生徒はその瞬間に顔を上げて、何でも良いから指定された範囲の中にあるチャンクを言う、ということにしておく。2 語以上のチャンクなら何でもよい、ということにしておくと生徒のレベルにかかわらず取り組みやすい。しかし、「マル」を出す基準として発音が正確であることも含まれているので、けっこうよい練習になる。

〈例〉

教師：はいやめ。じゃあ名前を呼ぶから、呼ばれたらその瞬間に顔を上げて何でもいいから 3 語以上のチャンクを言え。3 語以上な。呼ばれるまでは教科書を見ていてもいいから、その代わり名前を言われた瞬間に顔を上げて俺の顔を見てチャンクを言え。いいな？　じゃあいくぞ。...杉本。

杉本：an ordinary life.

教師：大山。

大山：living with an ordinary.

教師：なんだそりゃ？　an ordinary human couple でかたまりだろ。はいダメ、立ってろ。（大山立つ）加藤。

加藤：take him with us.

教師：池田。

池田：the smallest continent in the world.

教師： the をザと言った！（池田立つ）木下。
木下： Japanese for a year.
教師： はあ？ 意味考えろ意味を！ teach Japanese for a year にしなけりゃおかしいだろ。はいダメ。（木下立つ）田中。
田中： in the passenger cabin.
教師： 齋藤。
齋藤： next to a barking dog's.
教師： 泉野。
泉野： whether or not his cage.
教師： はい失格。his cage would be placed next to a barking dog's かどうか、ていうのが whether or not だから、そんなところで切っちゃだめ。（泉野立つ）

パタン4.4　自分決定漸増チャンクの英英リピート

　パタン4.2と同じことを、あえてチャンクの切り方を指定せずにやらせてみるのもよいだろう。当然、おかしな切り方をするペアも出てくるのだが、発想を切り替えて、それはむしろ歓迎すべきである。

　文法とは突き詰めて言えば、語をどのように組み合わせてより大きな単位を構成してゆくかについてのルールである。この「語を短いチャンクにし、短いチャンクにさらに語をつけ加えることで、より長いチャンクにする」という作業は、まさに文法の中核に関わるものである。よって、生徒がこのタスクをしているのを観察すれば、その生徒がそのセンテンスの構造をどのようにとらえているのか、いないのかがはっきりと見える。それは彼らの頭の中をのぞく窓のようなものであって、間違いが出てきたら、「この生徒の隠れた誤解を解いてやる機会が与えられた！」と喜ぶべきである。

　ワイル・ペアワークでは教室中を歩き回り、生徒たちのペアの中のAが生成しているチャンクに耳を澄ませるのだ。ポスト・ペアワークのチェックでは、指名した生徒に、Aの役割で「ひとりペアワーク」をさせるとよい。つまり、指名された生徒は、コアとなる部分から始め、一回一回教科書を見ながらで構わないので、徐々にチャンクを伸ばしてゆく。ただし、

どの段階をとっても、意味的・文法的に自立性が保たれているように注意しながらである。

〈例〉
教師： はい、じゃあ...井尻。Aさんの役をひとりでやってみろ。徐々に長くしていって、これでおしまいとなったら、That's it. と言って終わる。わかった？
井尻： はい。... painless（いったん教科書を見る）indeed painless（いったん教科書を見る）the chip was indeed painless
教師： ちょっと待て〜。それはおかしくないか？ painless だったのは何？ マイクロチップ自体、それともそれをインプラントすること？
井尻： インプラントすること。
教師： だろ？ だからそこは、implanting the chip was painless とかしなきゃダメじゃん。意味をよく考えろ。次、泉野やってみろ。
泉野： in a quarantine station.（いったん教科書を見る）kept in a quarantine station.（いったん教科書を見る）kept in a quarantine station for 30 long days.（いったん教科書を見る）needed to be kept in a quarantine station for 30 long days.　That's it.
教師： おお、OK！

パタン4.5　指定チャンクの日本語から英語を言う

　ここまでは、Aが英語のチャンクを言い、それをBがリピートするというものであった。やりやすい反面、特にBは意味を意識せずに機械的にリピートすることも可能だという限界があった。それを防ぐための1つの方法は、キューとして日本語を与え、それに対応する英語をBに言わせるというものである。

　生徒のレベルが高い場合には上のパタン4.3のように、Aが適当なチャンクを自分で見つけ、その日本語訳も自分で作って言うこともちろん不可能ではないが、現実にはなかなか難しい。そこでより普通の生徒でもやりやすいように、予め次のようなワークシートを配って、適当なチャンクとその日本語訳を事実上指定してしまう方法を考える。生徒になったつもりで、空欄を埋めてみて欲しい。

第5章 ペア授業の心・技・体

■教科書本文から、次の日本語訳に当たる英語表現のかたまり（チャンク）を抜き出しなさい。日本語訳の後の（　）内の数字は、抜き出す語数です。「飛び飛び」に抜き出す必要がある場合もあるかも知れないので注意しなさい。

		日本語訳（語数）	チャンク
1		普通の生活 (3)	
2		普通の生活を送っていた (5)	
3		普通の人間夫婦と暮らしながら (6)	
4		日本語を教える機会を得た (6)	
5		メルボルンで１年間日本語を教える (7)	
6		私たちが頼める相手が誰もいなかった (7)	
7		うちの「息子」の面倒を見る (5)	
8		私たちが留守の間 (4)	
9		私たちが留守の間うちの「息子」の面倒を見る (9)	
10		世界最小の大陸 (6)	
11		世界最小の大陸に飛んでゆくこと (8)	
12		飛んでゆくことは容易なことでないと判明した (7)	
13		猫にとっては容易なことではないと判明した (9)	
14		マイクロチップを埋め込まれる (4)	
15		首の後ろの (6)	
16		首の後ろの皮膚 (8)	
17		首の後ろの皮膚の下に (9)	
18		米粒くらいの大きさの (8)	
19		そのチップは情報を保持する (5)	
20		彼の身元情報 (3)	
21		私たちには選択肢がなかった (4)	
22		チップを埋め込むこと (3)	
23		チップを埋め込むのは痛くない (5)	
24		埋め込むのは痛くないと信ずる (7)	
25		獣医が私たちに保証した (4)	

26	獣医が私たちに保証したように (5)	
27	カイルは私たちと一緒に飛べないと私たちは知った (9)	
28	恐怖とともに知った (3)	
29	私たちと一緒に客室にいて飛ぶ (7)	
30	貨物として積まれる (3)	
31	貨物として積まれる必要があった (6)	
32	凍え死ぬ (3)	
33	多少の暖房があるだろう (5)	
34	貨物区画には (4)	
35	彼のケージが犬のケージの隣に置かれる (9)	
36	彼のケージが犬のケージの隣に置かれるかどうか (12)	
37	一番私たちの心を痛めさせた (4)	
38	私たちの心を一番痛めさせた事実 (7)	
39	彼は留置されねばならなかった (5)	
40	検疫所に留置される (5)	
41	30日の長きにわたり (4)	
42	検疫所に30日の長きにわたり留置される (9)	
43	彼が病気を持っている (3)	
44	彼が病気を持っているかどうか (5)	
45	彼が病気を持っているかどうかをチェックしてもらうため (7)	
46	農業国として (4)	
47	厳しい規則を持つ (3)	
48	特に厳しい規則 (3)	
49	動物を輸入すること (2)	
50	動物輸入についての規則 (4)	
51	動物輸入についての特に厳しい規則 (6)	
52	一部の国々から輸入される犬や猫 (7)	

53	検疫下にいる (3)	
54	120日の間 (3)	
55	120日もの長い間 (6)	
56	120日間の長きにわたり検疫下にいる (9)	

解答

1. an ordinary life
2. was leading an ordinary life
3. living with an ordinary human couple
4. got a chance to teach Japanese
5. teach Japanese for a year in Melbourne
6. did not have anyone we could ask
7. take care of our "son"
8. while we were away
9. take care of our "son" while we were away
10. the smallest continent in the world
11. Flying to the smallest continent in the world
12. flying turned out to be no picnic
13. turned out to be no picnic for a cat
14. have a microchip implanted
15. at the back of his neck
16. the skin at the back of his neck
17. under the skin at the back of his neck
18. about the size of a grain of rice
19. The chip would carry information
20. his ID information
21. We had no choice
22. implanting the chip
23. implanting the chip was painless
24. believe that implanting the chip was painless
25. the vet reassured us
26. as the vet reassured us
27. we learned that Kyle could not fly with us
28. learned with horror
29. fly with us in the passenger cabin
30. loaded as cargo
31. needed to be loaded as cargo
32. freeze to death
33. there would be some heating
34. in the cargo area
35. his cage would be placed next to a dog's
36. whether or not his cage would be placed next to a dog's
37. made us feel worst
38. the fact that made us feel worst
39. he needed to be kept
40. kept in a quarantine station
41. for 30 long days
42. kept in a quarantine station for 30 long days
43. he had diseases
44. if he had any diseases
45. to have it checked if he had any diseases
46. as an agricultural country
47. has strict rules
48. particularly strict rules
49. importing animals
50. rules on importing animals
51. particularly strict rules on importing animals
52. cats and dogs imported from some countries
53. stay in quarantine
54. for 120 days
55. for as long as 120 days
56. stay in quarantine for as long as 120 days

4. 英語チャンクの再生　143

　実際に空欄を埋めていただければ感じ取れたと思うが、日本語に対応するチャンクを探す作業自体が英文構造の理解に役立つように、次のようなパタンを含めてある。

〈1つのチャンクが別のチャンクに含まれているようなもの〉

1, 2.　［was leading ［an ordinary life］］
10, 11.　［flying to ［the smallest continent in the world］］
15, 16, 17.　［under ［the skin ［at the back of his neck］］］
22, 23, 24.　［believe that ［［implanting the chip］ was painless］］］
30, 31.　［needed to be ［loaded as cargo］］
35, 36.　［whether or not ［his cage would be placed next to a dog's］］
37, 38.　［the fact that ［made us feel worst］］
43, 44, 45.　［to check ［if ［he had any diseases］］］
49, 50, 51.　［particularly strict ［rules on ［importing animals］］］
55, 56.　［stay in quarantine ［for as long as 120 days］］

〈2つのチャンクに重なりがあるもの〉

4, 5.　　got a　　chance to teach Japanese
　　　　　　　　　　　　　teach Japanese for a year in Melbourne
12, 13.　flying　turned out to be no picnic
　　　　　　　　　turned out to be no picnic for a cat
27, 29.　we learned that Kyle could not fly with us
　　　　　　　　　　　　　　　　　　　　　fly with us in the passenger cabin
39, 40.　he needed to be kept
　　　　　　　　　　　　　　kept in a quarantine station

〈間の語句を飛ばしているもの〉

　5.　teach Japanese for a year（飛ばし）in Melbourne
　12.　flying（飛ばし）turned out to be no picnic
　19.　the chip would carry（飛ばし）information
　27.　we learned（飛ばし）that Kyle could not fly with us

35. his cage would be place next to a (飛ばし) dog's
47. has (飛ばし) strict rules
54. for (飛ばし) 120 days

　このワークシートは予習段階でやってこさせるのが良いだろう。授業では早い段階で手早く正解を確認する（答合わせに時間をかけるのは賢明ではない。肝心の、その「答」が身につくようにトレーニングする時間がなくなってしまう）。そして次のようなペアワークに入る。

生徒A：ワークシートを見ながら、ランダムにあるいは順番に、日本語訳を言う。
生徒B：何も見ず、生徒Aの言う日本語に当たる英語を正しい発音で言う。

　もう答は確認してあるのだから、時間をかけて考えるような活動ではない。Aには、「答がすぐに出なかったり、間違っていたりしたら、時間をかけずにすぐに正解を言ってリピートさせなさい」と言っておく。また、あくまで教科書の表現を身につけるためのエクササイズなので、別解答はたとえ英語として適切であっても一切認めない、ということにしておく。

〈例〉
A：特に厳しい規則。
B：particularly strict rule.
A：ruleS.
B：particularly strict rules.
A：動物輸入についての規則。
B：rules of importing animals.
A：rules ON importing animals.
B：rules on importing animals.
A：動物輸入についての特に厳しい規則。
B：particularly strict rules on importing animals.
A：うん。

　なお、生徒Aに日本語を言わせる代わりに、ワークシート上のその表現

の通し番号を言うことによって表現を指定させることもできる。この場合もちろん生徒Bはワークシートの日本語側のみを見ていて、生徒Aが言った番号に当たる日本語を目で確認し、その英語表現を思い出して言うのである。この方法をとる場合、一度に扱う表現はせいぜい10程度でないと、目でその番号を探すのにいたずらに時間をとってしまうが。

5. 日英対訳の活用

　今度は、英文のすべてを日英対訳で提示することを考えてみる。まずレイアウトだが、通常は左に英文、右に日本文という場合がほとんどだと思われる。慣れ過ぎてしまって何も感じない人も多いだろうが、間違いなく「英文和訳メンタリティ」の産物である。単語の時と同様、私はこれを逆にして、左に日本文、右に英文というレイアウトを基本にすることが大切だと考えている。些末なようだが「到達点は右側にある英語なのだ」「左の日本語を見て右の英語が再生できるようになるのが目標なのだ」というメッセージを暗に伝える大切な手法だ。

　次に対訳の「単位」をどの程度の長さにするか、という問題がある。文を単位にしてみると、

| うちの猫のカイルはそれまで大阪で普通の人間夫婦と暮らしながら普通の生活を送っていたのだが、2年前になって突然空を飛ばされることになった。 | Our cat Kyle was leading an ordinary life living with an ordinary human couple in Osaka, until two years ago when he was suddenly made to fly. |

となる。当然、語順の関係で日英で対応する部分が出現する順番はかなり隔たりがある。この日本文を聞いて英語を想起するには、頭の中で語順を入れ替える mental gymnastics がかなり必要になるだろう。もう1つが、できる限り細かくチャンクに切るやり方である。例えば、

| うちの猫カイルは送っていた／普通の生活を／普通の人間夫婦と暮らしながら／大阪で／2年前まで／彼は突然飛ばされることになった時。 | Our cat Kyle was leading an ordinary life living with an ordinary human couple in Osaka, until two years ago when he was suddenly made to fly. |

となる。これだと少なくともチャンクが出現する順番は日英で一致している。ただしこの日本語の意味が正しく通じるかは、あらかじめ英語がわかっているかどうかに左右されるだろう。例えば、「２年前まで／彼は突然飛ばされることになった時」が、until two years ago when he was suddenly made to fly に対応するのだとわかるのは、あらかじめ英語がわかっているからである。

またこのワークシートは、「日本語に相当する英語を生成する能力をトレーニングする」ことが目的であるが、それに照らした時、「単位」があまり大きくとも小さくとも問題がありそうだ。単位が大きすぎると、意味単位が出現する順番があまりに違っていて日本語がヒントになる度合いが低いので、作業として難し過ぎる。逆に小さ過ぎると、日本語が意味不明になりがちであることに加えて、単語レベルで単純に英語にしていけば英文ができあがることになり、自分で英語の語順を生成する練習にならない。

結局、その２つの「中間くらい」が適当ということになる。そしてどの「くらい」がちょうど良いのかは、明確に基準を言葉で述べるのは難しい。「ある程度の長さを持ったチャンクごとに」と言うしかない。

平均的な高校生のトレーニングを想定して作成したワークシートが次のものである。単位が長過ぎず、短か過ぎずというラインをねらってみた。実際に左の日本語のみを見て英語の再生を試みていただくと、私の意図がよりよくわかってもらえるはずだ。

うちの猫カイルは普通の生活をしていた、	Our cat Kyle was leading an ordinary life
大阪で普通の人間夫婦と住みながら、	living with an ordinary human couple in Osaka,
彼が突然飛ばされた、２年前までは。	until two years ago when he was suddenly made to fly.
夫のトシが日本語を教えるチャンスを得た	My husband Toshi got a chance to teach Japanese
１年、オーストラリアのメルボルンの高校で。	for a year at high schools in Melbourne, Australia.
頼めるような人は誰もいなかったので、	Since we did not have anyone we could ask
私たちが留守の間うちの「息子」の世話をしてくれと、	to take care of our "son" while we were away,

彼を一緒に連れて行くと決めた。	we decided to take him with us.
世界最小の大陸まで飛んでゆくことは（しかしながら）、	Flying to the smallest continent in the world, however,
猫には容易でないと判明したのだ。	turned out to be no picnic for a cat.
まずカイルはマイクロチップを埋めてもらう必要があった	First, Kyle needed to have a microchip implanted
首のうしろのところの皮膚の下にね。	under the skin at the back of his neck.
チップ（米粒くらいの大きさなのだけど）は	The chip, about the size of a grain of rice,
彼の身元情報を運ぶのだった。	would carry his ID information.
私たちは信じる他なかった、	We had no choice but to believe
チップを埋めるのは実際痛くないと、	that implanting the chip was indeed painless
獣医の先生が保証したようにね。	as the vet reassured us.
次に私たちがぞっとして知ったのは、	Second, we learned with horror
カイルは客室で私たちと一緒に飛べないってこと。	that Kyle could not fly with us in the passenger cabin.
彼は貨物として積まれねばならなかった！	He needed to be loaded as cargo!
凍え死ぬようなことはないの？	Would he not freeze to death?
貨物区域には多少の暖房があるとわかった時には、	When we learned that there would be some heating in the cargo area,
今度は心配になった、	we then began to worry about
彼のケージがわんわん吠える犬のケージの隣に置かれないか、が。	whether or not his cage would be placed next to a barking dog's.
でも一番気が滅入らされた事実が何かと言えば	But the fact that made us feel worst was
カイルがオーストラリアに着いたら、彼は検疫所に30日間も留め置かれねばならないってこと、	that, when Kyle arrived in Australia, he needed to be kept in a quarantine station for 30 long days,
病気の有無を確認するために。	to have it checked if he had any diseases.
農業国として、	As an agricultural country,
オーストラリアは動物の輸入に関して特に厳しい規則を持っている。	Australia has particularly strict rules on importing animals.
例えば、	For example,
輸入元の国によっては猫や犬は、	cats and dogs imported from some countries
120日間もの長きにわたって検疫下に置かれる必要がある。	need to stay in quarantine for as long as 120 days.

さてこのワークシートを用いて次のようなペアワークが可能である。なお、やってはいけないペアワークは、「A が英語を読み、それを聞いた B が日本語を再生する」というものだ。日本語が最終産物であるようなタスクはとにかく避けよう。それをしないために敢えて左に日本語、右に英語という配置にしてある。

パタン 5.1　日本語を見ながら英語を音読

（生徒 A は日英の両側を見ていてよい。生徒 B はワークシートを 2 つ折りにして日本語側のみを見る）
生徒 A：「単位」ごとに英語を音読する。
生徒 B： A が読んだ英語に当たる日本語を見ながら、英語をリピートする。

　例えば、A が、Our cat Kyle was leading an ordinary life と読むのを、B は、「うちの猫のカイルは普通の生活をしていた」という日本語を見ながら聞き、直ちに Our cat Kyle was leading an ordinary life と言う。こうすれば、生徒 B は意味を目で確認しながら英語の音声を一度聞き、次に意味を確認しながら英語を自分で音読することになる。英語を見ながら単にリピートするよりも難度はやや上がるが、意味をきちんと意識しながら英語を発話することになる。何も見ないで単にリピートするよりも、やはり意味を意識する分、タスクとしては効果的だと思われる。

パタン 5.2　日本語に対応する英語を音読

（生徒 A は日英の両側を見ていてよい。生徒 B はワークシートを 2 つ折りにして英語だけ見ている）
生徒 A： ランダムな順番で日本語を読み上げる。
生徒 B： 生徒 A が読み上げた日本語に相当する英語を読み上げる。

　今度は B は単に A が読み上げた英文に対応する日本語を目で確認して英語を読むのでなく、特定の意味（日本語）に対応する英語を積極的にサーチして見つかったら音読することになるので、パタン 5.1 よりもいっそう意味を意識して英語を音読することになるだろう。もちろん A は、B が正しい箇所を音読しているかどうかをモニターし、必要に応じて修正するので

ある。なおサーチすべき範囲をあまり広くするとサーチに時間がかかってしまってテンポが悪くなるので、Aがあらかじめ適当 (5「単位」くらいが適当であろう) な範囲を指定しておいて行うのがよいと思う。

パタン 5.3　日本語に対応した英語を顔を上げて言う

(生徒Aは日英の両側を見ていてよい。生徒Bはワークシートを2つ折りにして英語だけ見ている)
生徒A： ランダムな順番で日本語を読み上げる。
生徒B： 生徒Aが読み上げた日本語に相当する英語を見つけたら、顔を上げて言う。

　ほんの少しだけパタン5.2をチャレンジングにしたものである。これを十分に練習すれば、次のパタン5.4へはもう一息である。

パタン 5.4　日本語に対応した英語を何も見ずに言う

(生徒Aは日英の両側を見ている。生徒Bは何も見ない)
生徒A： 順番に、あるいはランダムに日本語を読み上げる。
生徒B： 生徒Aが読み上げた日本語に相当する英語を、即座に正しい発音で言う。

グループワークとして

　上のパタン5.2～5.4は、ペア活動を十分行った後で、ちょっとしたグループゲームにすることが可能である。上のA＋Bのペア活動を拡大して、ひとりのAと複数のBがいる形式とし、Bの応答の速さを競うのである。まず (例えば) 4人グループになる。その中のひとりがAの役割を務めることとする。残りの3人はB役になる。A役のみ座り、B役の3人は立つ。A役が問題を出す。その問題を聞いてB役の3人は、それぞれできるだけ早くかつ正しい発音で答を言う。最も早く正しい発音で答が言えた者が勝者となり、座ることができる。勝者が座ったら、入れ替わりに先ほど問題を出したA役の生徒は立つ。新たに座った生徒が新たなA役となり、新たなB役3人に対してまた同じ要領で新しい問題を出す。このサイクル

を繰り返す。

　グループメンバーの相対的な「実力」関係でどのようなパタンが可能かを数学的に考えてみる。4人の力が拮抗している場合には、4人ともが同じような確率でＡ役になるチャンスが廻ってくる。ひとりが抜きん出て優れていて、他の3人が拮抗している場合には、優れているひとりは2回に1回Ａ役が回ってきて、残りの3人は2回に1回のそのまた3分の1、つまり6回に1回ずつＡ役が廻ってくる。ふたりが強くてふたりが弱い場合には、強いふたりが交互にＡ役になり、残りのふたりはずっと立ってＢ役をする。ひとりだけ弱い場合にはそのひとりがずっと立っている。

　いずれにしても現実にはなかなか座れない者も出ると思うが、別に問題はなかろう。1つには、時間を通して見れば「ずっと立っている」生徒はいるだろうが、瞬間瞬間を切り取ってみれば、グループ内で立っている人間は必ず3人いるので大して目立たない。さらに教室全体で見れば、10程度のグループがそれぞれワイワイと大騒ぎをしながら立ったり座ったりするので、特定の個人が座っているの立っているの、という状況は目立たなくなるからだ。

　それよりも意識しておくべき潜在的な問題は、このような「スピード競争」の常として、放っておけばゲームに夢中になる余り、正確さ、特に発音が犠牲になる傾向が必ず出るということだ。いったんゲームを始めてしまえば、個人個人の発音を教師が直接コントロールするのは難しい。ではどうやってコントロールするかと言えば、上で述べたように、プリ・ペアワークとポスト・ペアワークで「正確でなければカウントされない」ことを繰り返し「たたき込む」のである。間接的ではあるが、これによりグループワーク中の発音クオリティもかなりの程度コントロールできる。

　グループワークの後に、「それでは練習の成果を見てみよう」と言って、クラス全員を立たせる、あるいはどこかの列を選んで立たせる、などして同じことを行うことが可能だが、その際、どんなに早くても発音が英語になっていないものは正解とみなされず（「そんな英語は知らんなあ〜」）、絶対に座らせてもらえない、という経験をさせることで、ひいてはグループワークの中でも、各自が「気をつけて発音しよう」という気持ちを抱かせることができるのだ。

6. 不完全英文の活用

今度は「チャンク」ではなく、教科書本文をそのまま再生する作業をペアワークにすることを考えてみよう。

●空所あり英文ワークシート

次のワークシートでは、Side A は第1文、第3文、第5文、...と奇数番目の文に、Side B は第2文、第4文、第6文、...と偶数番目の文に適当に（新出語、内容語を中心に）空所が設けてある。一方のサイドで空所で置換した語は、他方のサイドでは（　）に囲んである。

Side A	Side B
Our cat Kyle was leading an (　　) life living with an ordinary human (　　) in Osaka, until two years ago (　　) he was suddenly made to (　　). My husband Toshi got a (chance) to teach Japanese (for) a year at high schools in Melbourne, (Australia). Since we did not have (　　) we could ask to take (　　) of our "son" while we were (　　), we decided to take him (　　) us. Flying to the smallest (continent) in the world, however, turned (out) to be no (picnic) for a cat. First, Kyle needed to (　　) a microchip (　　) under the skin at the (　　) of his neck. The chip, about the size of a (grain) of rice, would carry his (ID) information. We had no choice (　　) to believe that implanting the chip was indeed (　　) as the vet (　　) us. Second, we learned with (horror) that Kyle could not fly with us in the (passenger) cabin. He needed to be	Our cat Kyle was leading an (ordinary) life living with an ordinary human (couple) in Osaka, until two years ago (when) he was suddenly made to (fly). My husband Toshi got a (　　) to teach Japanese (　　) a year at high schools in Melbourne, (　　). Since we did not have (anyone) we could ask to take (care) of our "son" while we were (away), we decided to take him (with) us. Flying to the smallest (　　) in the world, however, turned (　　) to be no (　　) for a cat. First, Kyle needed to (have) a microchip (implanted) under the skin at the (back) of his neck. The chip, about the size of a (　　) of rice, would carry his (　　) information. We had no choice (but) to believe that implanting the chip was indeed (painless) as the vet (reassured) us. Second, we learned with (　　) that Kyle could not fly with us in the (　　) cabin. He needed to be

( ) as ( )! Would he not (freeze) to death? When we learned that there would be some ( ) in the cargo area, we then began to worry about ( ) or not his cage would be ( ) next to a barking dog's. But the (fact) that made us feel (worst) was that, when Kyle (arrived) in Australia, he needed to be (kept) in a quarantine (station) for 30 long days, to have it checked (if) he had any diseases. As an ( ) country, Australia has particularly ( ) rules on importing animals. For example, cats and dogs (imported) from some countries need to stay in (quarantine) for as long as 120 days.	(loaded) as (cargo)! Would he not ( ) to death? When we learned that there would be some (heating) in the cargo area, we then began to worry about (whether) or not his cage would be (placed) next to a barking dog's. But the ( ) that made us feel ( ) was that, when Kyle ( ) in Australia, he needed to be ( ) in a quarantine ( ) for 30 long days, to have it checked ( ) he had any diseases. As an (agricultural) country, Australia has particularly (strict) rules on importing animals. For example, cats and dogs ( ) from some countries need to stay in ( ) for as long as 120 days.

　このワークシートはSide AとSide Bの間の線で2つに折り、生徒AはSide Aのみを、生徒BはSide Bのみを見て音読する。その際、いくつかの方法が考えられる。

パタン6.1　リピートによる穴埋め

　センテンスごとに、（　）内に単語が書いてあるほうの生徒がまず音読し、同じ文を（　）内に単語が書いてない生徒が（　）内の語を補って読む。例えば第1文であれば、生徒Bが最初にSide BのOur cat Kyle was leading an (ordinary) life living with an ordinary human (couple) in Osaka, until two years ago (when) he was suddenly made to (fly). を見ながら普通に音読し、それを受けて生徒AがSide Aに書かれてOur cat Kyle was leading an (　) life living with an ordinary human (　) in Osaka, until two years ago (　) he was suddenly made to (　). という「虫食い」バージョンを見ながら、あたかも空所がないかのごとく、ordinary, couple, when, flyを記憶あるいは文脈を利用して補いながら音読する。第2文は逆に、生徒Aが最初に普通に読み、次に生徒Bが空所を補充しながら読む。

この方法は、いきなり自分の力だけで空所を補充しながら読む（下のパタン6.3）よりも、数秒前にパートナーが空所のない文を読むのを聞いた記憶がフレッシュなうちにその助けを借りて読むので、難度が低くて取り組みやすいだろう。

パタン6.2　補助あり穴のみ埋め

　センテンスごとに、空所がないほうの生徒が読むのだが、その際、空所まできたらその前で音読をやめる。それを聞いていたパートナーが、その空所に入ると思われる語を自力で補って発音する。それが正しければ、最初の生徒は空所の次の語から読み進む。誤っていれば「違う」と言い、ヒントを出す。正解を引き出したら、空所の次の語から読み続ける。

〈例〉
A：Our cat Kyle was leading an ...
B：ordinary!
A：life living with an ordinary human ...
B：え〜　couple!
A：in Osaka, until two years ago ...
B：when!
A：he was suddenly made to ...
B：fly!　My husband Toshi got a ...
A：chance!
B：to teach Japanese
A：in!
B：ブ〜！
A：じゃあ for!
B：ピンポーン a year at high schools in Melbourne ...
A：Australia!

パタン6.3　補助あり穴埋め

　生徒Aも生徒Bも、それぞれ自分のサイドで空所がある文のみを選び、空所を補いながら、あたかも空所がないかのごとく読み進む。相手が読ん

でいる時、空所がないほうの生徒は（　）の付された語に注意して聞き、正しく補充されているかをチェックする。

　例えば第1文と第2文なら、まず生徒Aが、Our cat Kyle was leading an (　　) life living with an ordinary human (　　) in Osaka, until two years ago (　　) he was suddenly made to (　　). という虫食い文を見ながら、Our cat Kyle was leading an (ordinary) life living with an ordinary human (couple) in Osaka, until two years ago (when) he was suddenly made to (fly). と読み、それを生徒Bが空所に注意して聞きながら、ordinary, couple, when が正しく補充されているかをチェック。次に生徒Bが、My husband Toshi got a (　　) to teach Japanese (　　) a year at high schools in Melbourne, (　　). を見ながら、My husband Toshi got a (chance) to teach Japanese (for) a year at high schools in Melbourne, (Australia). のように空所を補充しながら読み、その正しさを生徒Aがチェックする。

●キーワードに基づく本文再生

　さて、今あげた例は教科書本文に「空所」を設けて「虫食い」にしたワークシートであったが、それをさらに一歩進めて、「空所がある」というよりも「キーワードは残っている」といった趣のワークシートを作ると、さらにスピーキングに近い、チャレンジングだがその分効果的なトレーニングを行うことができる。

　次のワークシートでは、一方のサイドでは「記憶を呼び起こす助けになりそうな内容的なキーワード」のみを残して後の語は削除し（＝キーワードサイド）、もう一方のサイドでは英文をすべてそのまま掲載し、キーワードに下線が施してある（＝下線サイド）。第1パラグラフではSide Aがキーワードサイドで Side Bが下線サイド、第2パラグラフでは逆にSide Aが下線サイドで Side Bがキーワードサイド、というようにパラグラフごとにサイドをチェンジしている。

　もちろん上でそうしたように、パラグラフごとでなくセンテンスごとにチェンジしてもよいのだが、この場合、よりスピーキングに近いので、センテンスごとにめまぐるしく役割を交代するよりも、パラグラフごとの交

6. 不完全英文の活用　*155*

代としてある程度まとまった内容をひとりのスピーカーが話す練習をした
ほうがよいと考え、このようにした。

Side A	Side B
Our cat ordinary life ordinary human couple Osaka, two years ago fly. // husband Toshi chance teach Japanese a year high schools Melbourne . // not anyone take care "son" while away, take him . //	Our cat Kyle was leading an ordinary life living with an ordinary human couple in Osaka, until two years ago when he was suddenly made to fly. // My husband Toshi got a chance to teach Japanese for a year at high schools in Melbourne, Australia. // Since we did not have anyone we could ask to take care of our "son" while we were away, we decided to take him with us. //
Flying to the smallest continent in the world, however, turned out to be no picnic for a cat. // First, Kyle needed to have a microchip implanted under the skin at the back of his neck. // The chip, about the size of a grain of rice, would carry his ID information. // We had no choice but to believe that implanting the chip was indeed painless as the vet reassured us. //	Flying smallest continent no picnic . // First microchip skin neck. // chip rice, ID information. // no choice believe implanting painless vet reassured . //
Second, horror not fly passenger cabin. // loaded cargo! // freeze death? // When learned some heating , worry cage placed barking dog's. //	Second, we learned with horror that Kyle could not fly with us in the passenger cabin. // He needed to be loaded as cargo! // Would he not freeze to death? // When we learned that there would be some heating in the cargo area, we then began to worry about whether or not his cage would be placed next to a barking dog's. //
But the fact that made us feel worst was that, when Kyle arrived in Australia, he needed to be kept in a quarantine station for 30 long days,	feel worst arrived quarantine station 30 days,

to have it checked if he had any diseases. // As an agricultural country, Australia has particularly strict rules on importing animals. // For example, cats and dogs imported from some countries need to stay in quarantine for as long as 120 days. //	checked diseases. // agricultural strict rules importing . // example cats dogs some countries 120 days. //

パタン6.4　リピートによるキーワードからの全文復元

　まず、空所ありのシートで使ったパタン6.1に相当するやり方を、このキーワード・ワークシートでも用いることができる。センテンスごとに、まず下線サイドの人が通常に読み上げ、それに続いてキーワードサイドの人が、キーワードだけを見ながら、リピートするのである。上の「空所あり英文ワークシート」よりも補う語が格段に多く難しいと思われるので、完璧に再生できるまで下線サイドの人が頑張らせるのがよい。例えば第1文であれば、生徒Bが Our cat Kyle was leading an ordinary life living with an ordinary human couple in Osaka, until two years ago when he was suddenly made to fly. と読み、それにすぐ続けて生徒Aが、Our cat, ordinary life, ordinary human couple, Osaka, two years ago, fly というキーワードのみを見ながら、文全体を繰り返す。ペアワークに入る前に十分に一対多の状況で練習しておくのがよいだろう。

パタン6.5　補助ありキーワードからの全文復元

　これは空所ありシートでのパタン6.3に相当するやり方である。パラグラフごとに、キーワードサイドの生徒がキーワードだけを頼りに全英文を復元し、それを下線サイドの生徒が必要に応じて適宜補助する、というものだ。パラグラフごとに目標とする時間(15秒とか)を指定しておき、それが達成されるまで頑張らせるなどもよいだろう。ただし(繰り返しになるが)時間制限を設ける時に大切なことは、きちんと発音しないと無意味だと釘をさしておくことである。あくまできちんと発音しながらという条件下での流暢さを高めることが必要なのである。そしてポスト・ペアワークでも発音面での「非英語」は得点としてカウントしないことが絶対に必要で

ある。

〈例〉
A: じゃあ第1パラグラフ、お前の番な。
B: よし。Our cat Kyle was leading ordinary life
A: AN ordinary life
B: an ordinary life, . . . living with an ordinary human couple in Osaka, but
A: UNTIL
B: ああ、until two years ago when he . . . fly
A: he was . . .
B: he was made to fly
A: SUDDENLY made to fly
B: was suddenly made to fly. My husband Toshi got a chance to teach Japanese for a year in high schools
A: AT high schools
B: at high schools, Melbourne
A: IN Melbourne
B: in Melbourne, Australia. え〜と 何だっけ？
A: Since we . . .
B: ああ、Since we did not have anyone that could.
A: anyone WE COULD ASK
B: anyone we could ask . . . to take care of "son"
A: OUR son
B: our "son" while . . . away
A: WE WERE away
B: while we were away, we . . . decided to take him with me.
A: with US.
B: with us.
A: はい . . . 43秒。13秒オーバー！
B: くそ〜！

7. TF の活用

　いわゆる TF (true or false) すなわち真偽判定は多くの教科書や問題集のタスクとして採用されているが、私の見た限りすべて「内容を把握しているか否かの確認手段」という位置づけのようだ。それに伴い授業中の扱いも「答合わせ」に終始している場合が多いと思われる。高校の授業で最近次のような TF 活動を見た。教師がある statement を口頭で言い（あるいは書いてあるものを指定し）、それが true か false かを特定の生徒に問う。その生徒の答が合っていればよいが、誤っていると別の生徒に聞いたり、あるいは "Ok, let's help . . . -kun, everyone.　If you think this is true, show me this side of the textbook（と言いながら教科書の表紙を指す）; if you think it is false, show me this side of the textbook.（と言いながら教科書の裏表紙を指す）Ready?　Ok, is this true or false?" などと言って、生徒に一斉に各自の教科書の表紙か裏表紙を掲げさせる。

　LL や CALL 教室のアナライザーの代わりに一斉教室で教科書の表紙、裏表紙を掲げさせて全員の応答を見るのは確かに 1 つのアイデアだな、と感心する反面、皮相的な「正解の確認」に終始し、かつそれに時間をとり過ぎているのではないかという感想を持った。

　生徒が理解しているかどうかを TF で確認しようとするのは、教師と生徒全員が母語を共有している日本の教室のような状況においては、極めて迂遠というか、マドロッコシイ話だ。例えば米国の EFL の教室で、教師の母語は英語、生徒は全員が移民で母語はさまざま、当然教師は生徒たちの母語をすべて知っているわけではない、というような状況なら、好むと好まざるとにかかわらず目標言語たる英語を用いてすべてを賄わねばならない。当然、TF も「生徒が本文を正しく理解したかどうかの確認」の貴重な手段である。しかし我々が教える教室はそうではない。強力な武器として共通の母語たる日本語があるのだから、それを使えばよい。"All English" で授業すること自体が目的になってはいけないのである。

　本文を隅から隅まですべての生徒が理解していないと不安であるなら、本文訳を配り、さらに生徒用に文法・語法解説などをしたものを配ればよいのである（つまり、教科書ガイドに相当するものを予め配ってしまえば

よいのである）。ただし、誤解があると困るので言っておくが、教室で時間をかけて生徒に口頭で本文訳を発表させるような活動をしてはいけない。どうしても必要な場合にごく短時間（せいぜい1回につき10秒くらい）で確認するくらいならよいが、「複数の生徒を当てて本文の訳を言わせる局面」を授業の中にルーティーンとして確保するようなことをしてはいけない。時間の無駄である。<u>確認するまでもなく、どうせ中には誤解している生徒、わかっていない生徒もいる</u>。最初から訳を配ってしまえばよいのである。

では教室の時間は何に使うかというと、TFに関しては、その活動自体が英語を使う練習になるように、次のようなことができるようになるためのトレーニングをする。

(1) TF statements 自体がきちんとした発音で<u>言える</u>ようになること。当然教科書は見ずに、だ。
(2) a true statement を聞いたら / 見たら、それを何も見ずに繰り返せるようになること。あるいは、その statement をパラフレーズできるようになること。
(3) a false statement を聞いたら / 見たら、それを修正して a true statement に直して言えるようになること。

言い換えれば、他人が言った TF statement が T か F かわかるだけではダメなのである。わからない状態よりはわかるほうがずっと良いが、そんな「入り口」で終わってしまっては、「英語が使えるようになる」のは永遠に夢のまた夢だ。ある TF statement に関しては、「自分でその文が言えて、パラフレーズできる、あるいは訂正した文が言える」というところまで持って行って初めて TF 活動が「使える力のトレーニング」になるのである。

そのような活動を行うとして、それが教師主導の一対多の状況ならば、教師がある statement を言い、ある生徒を指名しその statement が真ならばそのまま繰り返させる、あるいはパラフレーズ（pp. 105–106 を参照のこと）させる、偽ならばそれを修正した文を言わせる、という活動をすればよい。しかしそれをペアワーク仕立てにしようとするには、一工夫必要である。TFに限らず、ペアワークを成立させるためには、基本的には「正解が1つに決まり、かつその正解をペアの一方が持っていて、持っていない

他方の言うことをチェックし、必要ならば補助できる」という構造を作り出しておく必要がある。

　もちろん「自由に意見を交換する」などの本格的なコミュニカティブなペアワークには「1つの正解」などは存在しない。しかしそういった種類の活動をして実際に中身のあるやりとりが自由にできるレベルの教室状況はめったにない。そうではない「フツーの」生徒たちが、誰でも活発にペアワークができるためには、片方に「正解」を持たせる構造が必要だということを言っているのである。

　例えば、複数の TF statements と、それぞれが真か偽かの情報をペアの片方（生徒 A）に持たせれば、生徒 A が statement を言って、それを生徒 B が判定するペアワークは一応できる。欠点は、役割交代して今度は生徒 B が問題を出し生徒 A が答えようとしても、1つ1つの陳述が真か偽なのかはすぐ覚えてしまうということだ。例えば、

　　Kyle was leading an ordinary life until two years ago. ［T］
　　Toshi got a chance to teach Japanese at a university in Melbourne. ［F］

などという文が5つあったとして、これを生徒 A が生徒 B に読み上げ、生徒 B が真偽を判定したら、今度は役割を変えて生徒 B が生徒 A に読み上げて同じことをしようとしても、「普通の生活云々の文は T」「日本語を教える機会云々の文は F」とすでに記憶に残ってしまっていて、あまり練習にはならない。T なら繰り返し、F なら直して言う、という作業にすれば結構難しいのでそれなりに練習にはなるが、あまりおもしろくない。

2 選択肢形式の TF 文

　この欠点を解決する方法として私が考え出したのが、1つの statement の中に選択肢を設け、一方を選ぶと全体の文が真になり、他方を選ぶと偽になるように作っておく「2選択肢形式 TF」である。例えば

　　Kyle was leading an [ordinary / unusual] life until two years ago.

としておけば、ordinary を選んで読めば statement 全体として真になり、unusual を選んで読めば偽になる。この要領で statements を書き、次のよ

うなワークシートにする。実際に1回の授業で使うには、文はもっと少ないほうが適当だが、例としてできる限り作ってみた。それぞれを読んで、[　]内の語句のうち、それを採用すればTになるほうを○で囲んでみて欲しい。

> True / False Practice
> 1. Kyle was leading an [ordinary / unusual] life until two years ago.
> 2. Kyle was leading an ordinary life until two [years / months] ago.
> 3. Toshi got a chance to [learn / teach] Japanese at high schools in Melbourne.
> 4. Toshi got a chance to teach Japanese at [high schools / universities] in Melbourne.
> 5. The couple decided to [leave Japan with Kyle / leave Kyle behind in Japan].
> 6. It was decided that Kyle had to [fly / swim] from Japan to Australia.
> 7. Flying to the smallest continent in the world was [quite easy / no picnic] for Kyle.
> 8. A microchip is about the size of a grain of [rice / salt].
> 9. The vet told the couple that implanting the chip was [painful / painless].
> 10. Kyle [was / was not] allowed to fly in the passenger cabin.
> 11. Kyle had to be loaded as [cargo / a passenger].
> 12. There would [not be any / be some] heating in the cargo area.
> 13. On arriving in Australia, Kyle was [not allowed / allowed] to join the couple immediately.
> 14. On arriving in Melbourne, Kyle had to stay in quarantine for a [week / month].
> 15. Australia has strict rules on [importing / exporting] animals.

どうだろう。まず内容的な重複が気になったかも知れない。例えば1と2, 3と4はそれぞれ同じ部分に関するものである。テストであれば、このように同じテスティング・ポイントに2つ以上の問題があるのは、全体のバランスが悪くなったり、片方が他方のヒントになったりするので、「やってはいけない」ことの代表である。実際、1と2を見比べれば、お互いがお互いの正解を「ばらして」しまっていて、1を見れば2の[years / months]のうち years が正解であること、2を見れば1の[ordinary / unusual]のうち、ordinary が正解であることはわかる。

また本文の表現をほぼそのまま使っているのが気になったかも知れない。テストであるならこれも「やってはいけないこと」の代表である。機械的

に表現を照らし合わせるだけで真偽の判定ができないように、可能な限り別の表現を用いてパラフレーズするのが、(特に筆記)テストの場合の定石である。

　しかしどちらもこの場合はまったく問題ないのである。というのは、このワークシートのTFエクササイズでは、正解をわかりにくくする意図は最初からまったくないからだ。目で見て正解がわかるかどうかを「テスト」したいのではないのだ。極端な話、最初から正解のほうに○をつけておいて印刷してもよいのである。それは、このワークシートが教室活動として次のようなペアワークを行うためのものだからだ。

パタン7.1　文を聞き、TかFかを判定

生徒A：それぞれの文の[　]内の語句のどちらかを選んで音読する。
生徒B：生徒Aの音読を聞き、それがTならThat's true.と、FならThat's false.と言う。(生徒Aはその正誤をチェックする)

　これは初級編である。音読するのは上から順番でもよいし、ランダムでもよい。時間を決めて役割をクラス全体で一斉に交代させてもよいし、一定の数(例えば5つ)正解したら交代してよいと定めておいてもよい。その場合、ペアの片方(答える側の生徒B)は立って行うなどと決めておくと、クラス全体の進行状況が一目瞭然でわかるし、活気が出る。

〈例〉
A：Toshi got a chance to teach Japanese at high schools in Melbourne.
B：That's false.
A：ピンポーン！ It was decided that Kyle had to swim from Japan to Australia.
B：That's true.
A：ブブ〜！ Kyle had to FLY from Japan to Australia.

パタン7.2　文を聞き、TならリピートＦなら訂正

生徒A：それぞれの文の[　]内の語句のどちらかを選んで音読する。
生徒B：生徒Aの音読を聞き、それがTならThat's true.と言ってから、

そのまま繰り返す。F なら That's false. と言ってから正しく訂正した文を言う。（生徒 A はその正誤をチェックする）

このようにすれば、生徒 B は生徒 A の言うことを、注意深く聞き取って T か F かを判断してからそれに応じた答を返すので、かなり良いスピーキングの基礎練習になる。

〈例〉
A： Flying to the smallest continent in the world was quite easy for Kyle.
B： That's false.　Flying to the smallest continent in the world was NO PICNIC for Kyle.
A： ピンポーン。じゃあ次。A microchip is about the size of a grain of rice.
B： That's true.　A microchip is about the size of a grain of rice.
A： ピンポーン！

パタン 7.3　文を聞き、T なら言い換え、F なら訂正

　true の場合に、statement をそのまままったく同じにリピートするのは文が長くなると大変である。proficiency がかなり高くても一定以上に文が長いと困難を感じる。これは我々が言葉のやりとりをするとき、記憶に残るのはメッセージの内容であって、その意味を伝達した形式（表現、単語）ではないからだろう。

　そこで、今度は true の場合に行う作業を、そのままの繰り返し（verbatim repetition）ではなく、パラフレーズにする。例えば、
　Kyle was leading an ordinary life until two years ago. と聞いたら、
　That's true.　Until two years ago, Kyle was living as just another cat. とか、There was nothing special about Kyle until two year ago. とか言うのである。

　ただし、これでは答えが 1 つに決まらないので、普通のレベルの生徒であればペアワークにするのは無理である。生徒 A が答えても、その答を生徒 B が自信を持って評価したり、助け船を出すことが難しいからだ。よって一対多の教師主導の活動として行うのがよいだろう。

　私がやるとしたら、横一列ごとに生徒を立たせてわかった者に挙手を求

め、OKだったら座らせる、という形式にするかも知れない。

〈例〉

教師： はい、じゃあ今度はこういう活動をしま〜す。Listen carefully to what I say. If it is true, say it is true and then paraphrase it. If it's false, say it is false and then give me a corrected version. OK? じゃあ最初は神原のいる列、横全員立て。(神原の列、立つ)

教師： Kyle was leading an ordinary life until two months ago.

生徒： (誰も答えない)

教師： あれ？ 良く聞いて、ほら。Kyle was leading an ordinary life until two MONTHS ago. (船橋、挙手) はい、船橋。

船橋： Kyle was leading ...

教師： まず true か false か言う。

船橋： あ。That is false, because Kyle was leading an ordinary life until two years ago.

教師： おお、合ってるから、そういうときは直したところを強くはっきり言ってみな。two YEARS ago みたいに。

船橋： Kyle was leading an ordinary life until two YEARS ago.

教師： そ〜いう感じ。次、南部の列立って。(南部の列立つ)

教師： The couple decided to leave Japan with Kyle. (ゆっくり) The couple decided to leave Japan with Kyle. (さらにゆっくり) The couple decided to leave Japan WITH Kyle. (大久保挙手) はい、大久保。

大久保： That's true. The couple decided to take Kyle to Australia.

教師： Good! Kyle was like their son, so they decided to take him with them. (と、このようにさりげなくさらに別の表現を使って確認してやるとよい)　じゃあ、次ね、奥田の列。(奥田の列立つ)

教師： Flying to the smallest continent in the world was no picnic for Kyle. (箕嶋挙手) はい、箕嶋。

箕嶋： Flying to Australia was very difficult for the cat.

教師： Yes. When going to Australia, which is the smallest continent in the world, you need to get on a plane. That was not like a picnic. It was very, very difficult. He had to do many difficult things.

8. QAの活用

　教科書には多くの場合、本文の横あるいは下に内容理解に関するいわゆる while-reading questions（それに答えるつもりで本文を読むと、要点がつかめるようになっている質問文）があり、また本文全体に対する練習問題として、comprehension questions（内容把握に関する質問）が提供されていることが多い。これら QA についても、TF とまったく同じように考えることができる。すなわち QA を、内容を確認するためというより、むしろ確認した内容に基づいて問答練習するための「原稿」として考えるということである。

　教科書についている「できあい」の Q を利用してもよいが、些末な質問も無きにしもあらずなので、慣れてきたら自作するほうがずっとよい。自作の questions を作る時は、「重要なポイントを引き出すように」、言い換えれば、「答をつなぎ合わせたら、テキストの要点が再現できるように」と考えるのがコツである。上のテキストであれば、次のような質問がよいだろう。

1. What kind of life was Kyle leading until two years ago?
2. What was Kyle made to do two years ago?
3. Why did Kyle have to go to Melbourne?
4. Was flying to Melbourne comfortable or stressful for Kyle?
5. What did he have to do before leaving Japan?
6. What is a microchip?
7. How did he have to travel on the plane?
8. What made the couple feel worst?
9. Why does Australia have strict rules on importing animals?

　これらの質問をもとに、次のようなワークシートを作る。

	Q	A
1	2年前まではどんな暮らしを？ What kind of life was Kyle leading until two years ago?	短： An ordinary life. 長： Until two years ago, Kyle was leading an ordinary life, living with a human couple in Osaka.
2	2年前に何をさせられた？ What was Kyle made to do two years ago?	短： He was made to fly to Melbourne. 長： Two years ago, Kyle was made to fly to Melbourne.
3	なぜメルボルンに行く羽目に？ Why did Kyle have to go to Melbourne?	短： Toshi was going there to teach Japanese, and his wife was going with him. 長： Kyle had to go to Melbourne because Toshi was going there to teach Japanese, and his wife was going with him.
4	行くのは快適だった？ ストレスだった？ Was flying to Melbourne comfortable or stressful for Kyle?	短： It was a very stressful experience. 長： Flying to Melbourne was a very stressful experience for Kyle.
5	出発前何をしなくてはならなかった？ What did he have to do before leaving Japan?	短： He had to have a microchip implanted. 長： Before leaving Japan, Kyle had to have a microchip implanted under the skin at the back of his neck.
6	マイクロチップって何？ What is a microchip?	短： It's about the size of a grain of rice, and it carries Kyle's ID information. 長： A microchip is something about the size of a grain of rice, which carries the animal's ID information.
7	飛行機にはどう乗らざるを得なかったの？ How did he have to travel on the plane?	短： As cargo. 長： Kyle could not fly in the passenger cabin; he had to be loaded as cargo.
8	夫婦が一番つらかったのは？ What made the couple feel worst?	短： Kyle had to stay in quarantine for 30 days. 長： What made the couple feel worst was that Kyle had to stay in quarantine for 30 days.

| 9 | オーストラリアが動物の輸入に厳しい訳は？
Why does Australia have strict rules on importing animals? | 短: Because it is an agricultural country.
長: Australia has strict rules on importing animals because it is an agricultural country. |

　左サイドには質問を、右サイドには解答を配した。質問には簡潔な日本語訳が添えてある。答えは簡潔な「短」と、より詳しい「長」がある。「長」は質問に対する応答としては詳しすぎてむしろ不自然であることに気づくだろう。これはわざとそうしている。質問に含まれている情報を敢えて繰り返し、代名詞でなく固有名詞を用いることで、質問なしにこの解答を単体として聞くだけで、何のことを言っているのかがわかるような形にしてある。

　このように最初からすべてを与えてしまうことに抵抗があるのであれば、右の解答サイドを空欄にしておき、予習や復習として自力で埋めさせてもよい（「短」だけは与えておき、「長」だけを書かせるという選択肢もあるだろう）。しかしその場合にも、その答合わせは簡潔に、しかも授業の流れの中で早い段階に済ませ、肝心の「これらの質問と答が言えるようになるためのトレーニング」のほうに十分時間がかけられるようにするのが大切である。

　このワークシートを用いて次のようなペアワークが可能である。

パタン8.1　質問と短答を読み合う

生徒A: 英語の質問を、ワークシートを見ながら読む。
生徒B: それに応じた答（短）を、ワークシートを見ながら読む。

　最も難度が低い基本的な活動だ。いわば、QAの台本の音読活動である。難度が低い分、発音やリズムに気を配ってきちんと読むよう徹底する。

パタン8.2　質問と短答を言い合う

生徒A: 質問をシートを見て確認してから顔を上げ、正しい発音で言う。
　　　　（この時Bはシートを見続けていて、Aの質問が正しいかチェックする）

生徒B： それに応じた答（短）をシートを見て確認してから顔を上げ、正しい発音で言う。（この時Aはワークシートを見ていてBの答が正しいかチェックする）

　お互いがread-and-look-upし合い、相手が顔を上げている時は他方が原稿を見ていてチェックする方式である。このやり方の場合、アイコンタクトはない。「やりとり」としての自然さは敢えて犠牲にして、パートナー同士のチェック機能を重視したパタンである。自然さと正確さを両立させようと思えば、次のようにペアに加えてチェック役を設けることも可能だ。

パタン8.3　質問と短答を言い合う（チェック役あり）

　3人グループになる。AとBが練習役、Cがチェック役とする。AとBはそれぞれシートを見て自分の言うべきことを確認し、Cの合図で同時に顔を上げ、お互いの目を見る。

生徒A： 質問を正しい発音で言う。（この時BはAの目を見ている。Cはシートを見続けていて、Aの質問が正しいかチェックする）
生徒B： 答を正しい発音で言う。（この時AはBの目を見ている。この時Cはワークシートを見ていてBの答が正しいかチェックする）

　3人グループでなくABCDの4人グループとし、AのチェックをCが、BのチェックをDがするというパタンも可能である。

パタン8.4　「せ〜の」で質問と短答を言い合い、即座にスイッチ

　チェック役を設けない代わりに、1つのQAを役割交代して即座に反復して正確さを担保するのはどうだろうか。AとBはシートを見て、「せ〜の」で同時に顔を上げる。

生徒A： 質問を正しい発音で言う。（BはAの目を見ている）
生徒B： 答を正しい発音で言う。（AはBの目を見ている）
（ここで必要があれば、それぞれもう一度シートに目を落とし、言うべきことを再度確認。また「せ〜の」で同時に顔を上げる）
生徒B： 先ほどAが言ったのと同じ質問を正しい発音で言う。（AはBの

目を見ている）
生徒A：答を正しい発音で言う。（BはAの目を見ている）

　反復練習という点では、質問役と応答役を固定して複数のQAをやってから交代するより、各QAごとに質問役と応答役をスイッチして同一QAを続けて2度行うほうがよいかも知れない。

〈例〉
AとB：じゃあ2番やろう。せ〜の！
A：What was Kyle made to do two years ago?
B：He was made to fly to Melbourne.
AとB：合ってるよな？　オッケーオッケー。じゃあ逆な。せ〜の！
B：What was Kyle made to do two years ago?
A：He was made to fly to Melbourne.
AとB：ばっちりだね。

パタン8.5　日本語の質問を聞いて英語に直す

　質問に答えるより、むしろきちんと疑問文を作るほうが難しい。Qを練習のターゲットにすることも必要である。
生徒A：（シートを見ながら）日本語で質問を言う。
生徒B：（何も見ずに）その日本語に対応する質問を英語で言う。

〈例〉
A：出発前何をしなくてはならなかった？
B：What he have to do before leaving Japan?
A：What DID he ...
B：あ。What did he have to do before leaving Japan?
A：飛行機にはどう乗らざるを得なかったの？
B：How did he have to travel on the plane?
A：ピンポーン。

　このパタンは、ペアワークを十分行った後の教員による一対多のチェックにも使いやすい。何度でも言うが、教員によるチェックの時、音声面も

含めてきちんと言えなければマルにカウントしない、という姿勢が生徒の英語をうまくしてゆく鍵である。下手な英語を手放しで褒めるのは、生徒がもっとうまくなれる可能性をつみ取る行為である。

〈例〉
教師：はい、福島の列全員立って。じゃあ日本語を言うから、英語に直して。メルボルンに行くのは快適だった、ストレスだった？
杉本：はい！（と挙手） Was frying to Melbourne ...
教師：それは「揚げ物」だ。みんなで言ってみよう： fla-la-la-la-ly
全員：fla-la-la-la-ly
池田：はい！ Was FLYING to Melbourne comhortable or ...
教師：Fが弱い！
小縣（おがた）：はい！ Was flying to Melbourne comFortable or stressFul For Kyle?
教師：マル！（小縣、「よっしゃ〜！」と言って座る）

パタン8.6　質問に長答で応ずる

自然なやりとりではなく、答えるほうのスピーキング・トレーニングを重視すると次のようなパタンが可能だ。

生徒A：（シートを見ながら）英語の質問を言う。
生徒B：何も見ずに、それに対応する答（長）を言う。

〈例〉
A: What made the couple feel worst?
B: What made the couple feel worst was that Kyle had to stay in quarantine for 30 days.

パタン8.7　日本語質問をキューとして長答をつなげる

長い答は、それらをつなげると、そのままテキスト内容のポイントが再現できるように作ってある。そこで今度は「やりとり」というよりも、Bがモノローグとしてのオーラル・サマリーを行うのを、Aが日本語による質問によってヘルプする、というペアワークはどうだろうか。

生徒 A: 日本語の質問を短く言う。
生徒 B: それに対する答 (長) を言う。

　A が言う日本語はなるべく早口で簡潔にし、メインはあくまで B のサマリーである、というイメージを出す。1 番から 9 番までを全部で 2 分で言い切る、などと時間制限を設けるとよい (そういう時間制限下でも発音をきちんとして練習しておかないと後でカウントされない、と思わせることが大切である)。

〈例〉
A: 2 年前までは...
B: Until two years ago, Kyle was leading an ordinary life, living with a human couple in Osaka
A: 2 年前に...
B: Two years ago Kyle was made to fly to Melbourne.
A: なぜ...
B: Kyle had to go to Melbourne because Toshi was going there to teach Japanese, and his wife was going with him.
A: 行くのは快適...
B: Flying to Melbourne was a very stressful experience for Kyle.
A: 出発前に...
B: Before leaving Japan, Kyle had to have a microchip implanted under the skin at the back of his neck.
A: マイクロチップって...
B: A microchip is something about the size of a grain of rice, which carries the animal's ID information.
A: 飛行機にはどう...
B: Kyle could not fly in the passenger cabin; he had to be loaded as cargo.
A: 一番つらかった...
B: What made the couple feel worst was that Kyle had to stay in quarantine for 30 days.
A: 厳しい訳は？

B：Australia has strict rules on importing animals because it is an agricultural country.

もちろんこのパタンも、ペアワーク後の一対多の教師チェックがやりやすい。

9. EIYOWの利用

今度はペアワークでパラフレーズ（あるいはEIYOW → p. 105）を練習することを考えてみる。最終的には生徒Aが本文を読み、生徒Bがそれを自由にEIYOW（パラフレーズ）する、というようなことができたらすばらしい。しかしいきなり自分の力でEIYOWするのは難度が高いので、最初は言い換え表現を教師のほうで指定してやって、それを使った練習をさせることを考える。

まず次のようなワークシートを配布し、空欄を埋めさせる。見てわかるように、本文中の表現とそれを言い換えた表現を対照したリストだが、言い換え表現のほうを与えておき、それに対する本文中の表現（語数指定あり）を記入するようになっている。こうしておけば、「正解」がぴたりと1つに決まるのでこれに基づいたペアワークもやりやすくなる。

	本文中の表現(語数)	言い換え表現
1	(5)	was living a normal life
2	(5)	was unexpectedly forced to travel on a plane
3	(10)	live in Melbourne for a year as a high school Japanese teacher
4	(6)	made the decision that Kyle had to accompany us
5	(18)	However, we discovered that traveling to Australia by plane was no easy matter for a cat.
6	(8)	as small as a grain of rice

7	(7)	The chip would contain data that identifies Kyle.
8	(5)	microchipping did not hurt
9	(10)	Kyle was not allowed in the passenger cabin
10	(9)	the cargo area would be heated
11	(7)	what distressed us most
12	(5)	upon landing in Australia
13	(12)	had to be kept in isolation for as long as a month
14	(7)	to make sure that he was healthy
15	(7)	has particularly rigid regulations for bringing animals from abroad
16	(11)	have to be kept in isolation for four months

［正解］ 1. was leading an ordinary life 2. was suddenly made to fly 3. teach Japanese for a year at high schools in Melbourne 4. decided to take him with us 5. Flying to the smallest continent in the world, however, turned out to be no picnic for a cat. 6. about the size of a grain of rice 7. The chip would carry his ID information 8. implanting the chip was painless 9. Kyle could not fly with us in the passenger cabin 10. there would be some heating in the cargo area 11. the fact that made us feel worst 12. when Kyle arrived in Australia 13. needed to be kept in a quarantine station for 30 long days 14. to check if he had any diseases 15. has particularly strict rules on importing animals 16. need to stay in quarantine for as long as 120 days

　（この「言い換え表現のほうを指定しておく」というアイデアは、2007–8年度に私が授業改善のアドバイスをさせていただいていた滋賀県立国際情報高等学校の英語科の先生方が、「パラフレーズ活動をペアワークに取り入れてはどうか」という私の示唆に基づいて試行錯誤された末、たどりついたものである。）

　これを逆にして、指定した本文表現に対応する言い換えを作らせようとすると当然答がさまざまになってくる。誤った表現を用いたペアワークをさせるのは有害なので、まずそれらの1つ1つの答の可否を切り分けして

やることが必要になる。その作業に時間はかかるが、それはそれで有効な(どちらかというとライティング系の)授業になるだろう。パラフレーズの力が上がってきて、かなりの生徒がacceptableな言い換えができるようになってきたら、もちろんトライしてみるのもよい。

　ここではその前段階として、やりやすさを重視して言い換え表現を与えておく。言い換え表現のほうは英英辞典を活用したり、必要に応じてALTの助けを借りるなどして、万に一つも間違いのないものにする必要があるのはもちろんだ。見てわかるように、単に品詞を変えているものから、やや高度な表現を導入しているものなどもある。正解は下にあるが、それを見ずに実際に本文の表現を探してみて欲しい。

　さて、正解を全体で確認し、かつ言い換え表現のほうの読み方も全体で練習したら、次のようなペアワークに移る。

パタン9.1　本文を聞き、言い換え表現を読み上げる

(生徒Aは両サイドを見ている。生徒Bは紙を折り、言い換え表現だけを見る)

生徒A：ランダムに、本文表現を音読する。
生徒B：読まれた本文表現に対応する言い換え表現を探し、音読する。

パタン9.2　本文を聞き、言い換え表現を確認し、顔を上げて言う

(生徒Aは両サイドを見ている。生徒Bは紙を折り、言い換え表現だけを見る)

生徒A：ランダムに、本文表現を音読する。
生徒B：読まれた本文表現に対応する言い換え表現を探し、顔を上げて言う。(生徒Aがチェック・補助する)

パタン9.3　本文に対応する言い換え表現を言う

(生徒Aは両サイドを見ている。生徒Bは生徒Aの顔を見ている)

生徒A：ランダムに、あるいは順番に、本文表現を音読する。
生徒B：読まれた本文表現に対応する言い換え表現を想起し、言う。(生徒Aが補助する)

10. 意見を言い合う

　ここまではもっぱら、さまざまな手法を用いながら、本文の表現をそのまま再生する、あるいは別の表現で同じ意味を表す練習を行ってきた。最後に「本文に書いてあること、あるいは関連事項について、自分の考えや状況を述べる」練習をするペアワークを考えてみよう。

　自分の考えを述べる基礎として最もやりやすいものの1つは、複数の意見の選択肢を用意しておいて、その中から自分に当てはまるもの（あるいは少なくとも、最も近いもの）を選んで言う、という活動だろう。今まで利用してきた Kyle のテキストにはおおよそ次のような続きがある。

> 筆者とトシは無事検疫を乗り切ったカイルとメルボルン郊外で暮らし始めたが、ある日、近隣にのらネコがまったくいないことに気づく。隣人に尋ねたところ、ネコは完全に登録制になっており、なんと日没以降の外出は禁止されているなど、事細かな規制がたくさんあると判明した。雄ネコの去勢やマイクロチップの使用も強く奨励されており、犬猫を捨てると高額な罰金が課されるという。筆者は日本の状況に思いをはせるのであった....。

　このような内容に基づいて、次のようなワークシートを用意する。左のコラムには Some people ... で始まる文が書いてあり、右のコラムには、5〜1の数字がある。数字は、5 (Strongly agree)、4 (Agree)、3 (Not sure)、2 (Disagree)、1 (Strongly disagree) を表す。

Some people say desexing cats is a cruel act because cats have a right to give birth to their own babies.	5 4 3 2 1
Some peopel say desexing cats is a must in order not to give birth to unwanted babies, which would end up strays.	5 4 3 2 1
Some people say they don't understand people who treat their pets like family members.	5 4 3 2 1
Some people say microchipping cats and dogs should be a must in Japan.	5 4 3 2 1
Some people say registering cats should be made obligatory in Japan.	5 4 3 2 1

Some people say there should be stricter laws and regulations on pets in Japan.	5 4 3 2 1
Some people say those who abandon their pets should be heavily fined.	5 4 3 2 1
Some people say that TV programs often show animals being treated inappropriately just to create fun scenes.	5 4 3 2 1
（自分の意見を書く） I believe ...	

　まずペアワークに先だって、各自それぞれの文の内容に同意できる程度を5〜1から選び、マルで囲んでおく。さらにできるならば、一番下の行に、これ以外の点について自分の意見を書いておく。ここまで準備して次のようなペアワークを行う。

パタン10.1　文を顔を上げて言い、同意するかしないか言う

生徒A：　左コラムから任意の文を選び、顔を上げて言い、その後に、自分が選んだ番号に応じて、I strongly agree. とか、I disagree. などと言い、最後に、How about you? と言う。

生徒B：　生徒Aの言うことを聞き取り、それに対する自分の反応を、(最低限) I agree, too. とか、I disagree. などと言う。

パタン10.2　文を顔を上げて言い、理由を添えて、同意するかしないか言う

生徒A：　左コラムから任意の文を選び、顔を上げて言い、その後に、自分が選んだ番号に応じて、I strongly agree. とか、I disagree. などと言い、理由を添える。最後に、How about you? と言う。

生徒B：　生徒Aの言うことを聞き取り、それに対する自分の反応を、I agree, too. とか、I disagree. などと言い、理由を添える。

第6章 グルグル授業の心・技・体

　この章では先に紹介したグルグル授業についてさらに詳しく説明する。私の肌感覚では、このグルグル授業はペア授業よりさらに確実に個人の力を伸ばすことができる。是非やり方を十分に理解して何らかの形で授業に取り入れて欲しい。

1. 立たせなくてはダメ

　グルグル・メソッドとは要するに教員が生徒を次々に個別チェックしてゆくことである。よって通常の教室での座席配列のまま教員が机間巡視的に廻って行っても同じことができるのでは、と思うかも知れない。しかし結論から言うとそれはあまりよろしくない。経験から言うと、「輪っか状」にしてかつ「立たせる」ことが、かなり本質的に重要なのである。
　いびつでも長方形でも何でもいいが、「生徒が一列に並んで閉じた状態（輪っか状）になっていないと、チェックする側の教師の動線に必ず無駄が生じる。動線の問題だけでなく、通常の席の間は生徒のバッグその他の荷物で通りにくいことも多い。生徒の座席の間をジグザグに荷物をよけながら全員をチェックするのと、最初から輪っかにしてそのすぐ内側をスムーズに通れるようにしてから始めるのでは効率に大いに違いが出る。一周するのが2分で済むか3分かかるかの違いは、そのまま一定時間内に何回グルグルできるのかの違いになる。
　また「立たせる」ことが必要なのは、グルグル歩き廻る教師が立ってい

るからである。あり得ないことだが、教師が座ったまま高速に生徒から生徒へ移動できるなら生徒も座っていたほうがよい。要は目の高さの問題だ。教師が立っていて生徒が座っていると、お互いの目の高さが違う結果、教師の顔と生徒の顔の距離が（双方が立っている場合に比べて）遠い。教師が廻ってきても顔を伏せがちにして発音する生徒や、小さすぎる声で発音する生徒などが必ず出る。すると教師がその都度「上を向いて言ってごらん」と言ったり、教師のほうが上半身を折って顔を生徒の顔に近づける、といったことが起こる。そういう所作をせざるを得なくなるとダメなのだ。ひとりあたりの動作はわずかでも、相手が延べ数百人（数十人を10回グルグルすればすぐ延べ数百人だ）になると、そういう細かい効率の良し悪しが大きな違いをもたらす。スムーズに進まないと教師の側も何周もする気が起きてこない。

　立たせておいて、教師のほうはグルグル歩く足を（できる限り）止めずに動きながら、目の前の生徒が発音する口元を凝視し、即座に判定する。このとき、生徒の口元がよく見えるように、（セクハラで訴えられない範囲内で）最大限に目を近づけること。生徒にしてみたらプレッシャーを感じるくらいでちょうどよい。

　少し前だが、大学2年生のクラスでグルグルをやっていた時、ある学生（男子）の前に行ったところ、「先生、そんなに威嚇しないでくださいよ！」と言われたことがある。もちろん別に威嚇しているわけではないが、「さあ、お前の番だぞ。きちんと言ってみろ、おらおら！」というスパルタ教師オーラを発散しながらひとりひとりの口元を睨みつけながら廻っている

ので、こういう発言が出たと思われる。「先生が自分の前に迫ってきて圧迫感がある。緊張する」という状況を作り出すくらいでちょうどよいのだ。

2. どうテストするか

　教師が自分の前に廻ってきたら、生徒は顔を上げて教師の目を見ながら、あるアイテムを発音する。教師のほうは生徒の口を注視しながらその音声を聴き、テスティングポイントの出来を即座に判定し、それを本人に伝える。判定は基本的にはマルかバツの2段階とする。「こちらの要求水準に照らして完璧な発音・リズムで正しく言えた」場合にのみマルを出す。途中で忘れたらもちろんダメ、一瞬以上つまってもダメ、言い直しも認めない、というように、高いレベルに合格基準を設定しておく。

　「マル！」と言われたら、生徒本人がテスト用紙の該当箇所にマルをつける。バツの場合には単に「バツ」と言うのではなく、具体的に何が悪いかを指摘してやる。慣れている生徒相手なら単に「th」「r」「l」などと言う場合もあるし、「veryのR」などとよりわかりやすく言う場合もある（ただし、すでに何度も同じ点を指摘してある場合や、全体に対して注意してある場合、あるいは何が悪いかを自分で気づくべきである発達段階にいる生徒・学生が相手の場合は、あえて単に「バツ」と言ったり、何も言わずに次の学生に移ってもよい）。

　マズイ点を指摘されたら生徒はそれをテスト用紙に書き込み、次回に同じことを指摘されないようぶつぶつと練習を再開する。マルをもらった生徒は、次の問題の練習をぶつぶつと始める。

　ひとりの生徒に1回にかける時間は、原則として数秒。基本的には発音を聞き、判定したらすぐに次の生徒に移る。

3. テスト用紙を配らなくてはダメ

　ある高校の校内英語科研修会でグルグル・メソッドを紹介したところ、その中のひとりの先生が、早速次の授業で取り入れてくれた。生徒を一列に並ばせて、教科書の本文をread-and-look-upで全員に言わせようとした、

という。結果はどうだったかというと、おおむねうまくいったが、イマイチな点も感じた、という。何が問題だったかというと、生徒たちは自分の番になったときは真面目にやるのだが、自分の番でない時はやや遊びがちだった、というのである。

　後日この報告を受けて私がした質問は、「生徒からしてみると、この作業に真面目に取り組みたくなるようなインセンティブ (incentive) はありましたか?」というものだ。つまり、先生に「合格」をもらうことが何か具体的に本人の「得」になる、例えば成績に反映するような仕組みがあったか、ということである。答えはノーであった。それではダメなのである。いくらひとりずつ並ばせて徹底的にチェックしているようであっても、その結果が何らかのシステムとして継続的に記録されてゆかないと、一斉授業で散発的に指名してチェックしているのと大差なくなってしまう。「マルをもらえなかったけど、まあいいや」で終わるのだ。

　グルグル・メソッドを効果的に運用するためには、どんなに簡単なものでもよいから、そのためのテスト用紙は必ず配ることが大切だ。極端な話、白紙でもよい。白紙でもよいが、所定のテスト用紙を配り、名前を記入させ、回収する時にはその脇にその日獲得した点数を記入させる。そしてその点数は、必ず何らかの形で評価の重要な一部に組み入れる(か、少なくとも、組み入れるよ、と言っておく)。これが決定的に重要なことである。こうすることによって初めて発音指導・テストが「個人化」するのである。

　25年の間、真剣に音読指導・発音指導に取り組み、生徒の話す英語の質を向上させることに全力を傾けてきた経験から断言するが、20人、30人、40人規模のクラスの場合、単なる一対多の指導、教師が前に立ってクラス全体に対して行う一斉指導 (teacher-fronted instruction) だけでは、どんなに一所懸命やっても生徒「全員」の発音がうまくなることは絶対にない。全員どころか、大多数がうまくなることさえもないだろう。それは致し方ないことなのだ。

　(私が生徒の発音に対して要求してきたレベルは25年間ほとんど変わっていない。にもかかわらず、約20年前の自分の授業ビデオを見返すと、そこに記録されている高校生たちの発音レベルは、現在教えている中学生や大学生の発音レベルよりも明らかに低い。原因ははっきりしている。当時

は今ほど徹底的なグルグル・メソッドは実施していなかったし、スピーチをさせても内容重視で、発音がマズイときに遠慮無くその場で逐一指摘するという手法をとっていなかったからだ。当時今のような手法を知っていれば、彼女たちの英語をもっとうまくしてあげられたのに...という申し訳ない気持ちが、昔のビデオを見るたびにわいてくる。)

　モデルを聞いてその後について繰り返すだけで母語にない音まで自然に身につけてしまう（たぶん 5% 程度の）天才を除いては、中学生くらいになっていれば、英語の音声をどんなに聞いても、耳に入ったとたんにすでにできあがっている日本語音声のフィルターを通して聞いてしまうようだ。例えば、level の音声「レヴォ」を何度聞いていても、良くて「レヴェル」、下手すると「レベル」としか聞こえない。

4. テストの個人化機能

　例えば、文法を授業では教えながら、まったくテストというものをしないことを想像して欲しい。定着率は必ず今より悪くなるだろう。日本のような状況 (＝英語を実際に使う場面は教室外にはない) では、中間テスト、期末テストなどがあるからこそ、多少なりとも勉強しようかという気になる。「テスト」というものを受ける時、答案用紙に名前を書く。それはその名前を書いた自分に対して、個人別の得点がつく、ということを意味している。当たり前過ぎて意識しないが、それは成績が「個別」につく、ということだ。成績が個別につくとわかっているから、おっくうではあるがテストに備えて普段から多少は勉強しようという気になるし、返されたテストの点が他人より悪ければ、こりゃまずいという気になることもある。

　だからテストに出題される新出語の意味、スペリング、熟語、本文の意味、重要語句を含む例文、等々は、普通の生徒であれば少なくともテストが近づいてくればまとめたり復習したりする。

　もしこの「テスト」という個別化をまったく行わず、クラス全員に対して単に「授業」だけ行って 1 学期、1 年間を終わっていたらどうなるか考えてみよう。おそらく半分以上の生徒はほとんど勉強しなくなるだろう。それほど悪気はないのだが、先生が言ったこと、説明した内容がちょっと

わからなくても、「まっ、いいや」で済ましてしまう生徒は決して例外的ではない。それはそうだろう。多少わからなくても「実害」がないのだから。

　発音の一斉指導だけしてテスト（＝結果が個人別に記録されるもの）をしないのは、講義だけして評価をしない授業と同じだ。せっかくの指導の効果が半減してしまう。

　発音個人カードが配られ、その氏名欄に自分の名前を記入し、その脇に得点が後で記入されるはずの太枠の欄を見た時に初めて生徒は、いわば「逃げられない」と感じるのである。「逃げられない」とは大げさなようだが、そのカードに目標として掲げられている発音ができるか、できないかが、具体的に目に見える形（＝点数）になって自分に跳ね返ってくるな、と理解するということだ。そうして初めて生徒は発音に関して「本気」になるのである。

5.　判定する際の留意点

　テスト用紙は用意したとして、アイテムごとの合否を判定する際に大切なことは、その回ごとに、「一発」でできなければ絶対に（は言い過ぎにせよ、少なくとも原則として）マルにしないことである。つまり、グルグルと廻ってゆくなかである生徒の前に立ち（＝その生徒の番が来た）、その生徒がターゲットを発音するのを聞いたら、それに不十分な点（例えば、そのターゲット文の中の the を「ザ」と言った）があったとする。「za と言った！」と指摘して次の生徒に移ろうとすると、その生徒が食い下がってきて、もう一度言い直してきちんと the と言えた、とする。その時に、原則としてそれをマルにしてはいけない、ということである。

　あるいは、ある生徒が（その回で）最初に発音した時、r の部分で舌先が歯茎に接触して日本語のラ行音（フラップ：弾音＝舌先が一瞬歯茎をはじくことで出る音）だったとする。そこでその場でコーチして数回言わせてみると言えるようになったする。「そうそう、そういう感じで言うんだよ」と言って positive feedback をするのはいいのだが、その時点でそれをマルにしてはいけない、ということである。マルにしてしまうと、その生徒は「そういう感じで」言える段階まで行けなくなってしまう。

なぜかというと、そういう生徒のスキルはまだ合格水準に達していないからだ。順番が廻ってきた瞬間の緊張の中でミスするのはスキルが安定していないからである。逆に言えば、そのように緊張している状況で現れる状態が、本当の実力なのである。例えば、センテンスを音読して、その中の一部の単語の発音法について指摘された直後なら、もう一度言い直して正しく言うことはそれほど難しくない。特別な注意を払っているからである。しかしまた後になって同じセンテンスを音読させてみると、またその単語がきちんと言えないことは珍しくない。その部分だけに注意資源 (attention) が向いているとできるが、注意資源がさまざまな部分に分散している状態ではできないレベルにいる、ということだ。つまり、スキルの自動化度合いがまだ低すぎる、平たく言えば、「くせがついていない」「反復が足りない」「ぎこちない」のである。

だから、その場でコーチしたりダメ出しをしたりしていったんできるようになったら、「次回に廻ってきた時にそのパフォーマンスが一発目で出たらマルにしてやる。そうなれるように、練習しながらもう一巡待っていろ」と言ってやるのが必要なのだ。

1つのターンの中で、ある生徒に対して「ああせい、こうせい」（舌をこう使って、唇をこう丸めて、こういう感覚でこう発音してみろ、といった指導）と何度かトライさせた結果、正しい音が出せるようになった時、私は、「そう！ それでいいよ！」と励まして次の生徒のところに移る。その生徒が「じゃあマルですか？」と訊いてくることも多いのだが、回答は必ず「バツ！」である。

そうやってとにかく次に先生が廻ってきた時に「一発で」合格しないと合格じゃないということを徹底して初めて、少しずつ生徒の技能は向上し究極の目標である「自動化した状態」に一歩ずつでも近づいてゆくのだ。

6. クラスサイズの制限はあるか

クラスの人数は少ないにこしたことはないが、原理的には何人でも可能である。40人クラスでも（動きは重いが）まあまあ回る。30人ならサクサクできるし、20人以下なら自由自在にやりたい放題である。

人数が多く／少なくなるにつれて一巡するのにかかる時間が長く／短くなる。それはすなわち (1) 生徒にしてみると、自分の順番が一度廻ってきてから次に廻ってくるまでの「待ち時間」が長く／短くなる、ということであり、また (2) 同じ時間（例えば10分間とか、30分間とか）で教員が廻れる回数、すなわち生徒にしてみるとトライできる回数が減る／増える、ということである。

次の番が廻ってくるまでの待ち時間が短いなら、短時間で覚えられるように数語のフレーズなどを入れるのもよいし、逆に長いなら、read-and-look-upできるようになるまでそれなりに時間のかかるchallengingなアイテム（＝語数が多い）を設定すれば、待っている生徒がヒマになることはない。

設定した時間内でグルグル廻れる回数が少なければ、テスト用紙に盛り込むアイテムの数も少なめにすればよい（ただし、アイテムの数は、その授業だけで完結させずに次回以降も引き続き使用するならば、あまり気にする必要はない）。

(1) クラスに生徒が何人いて、(2) 活動にどのくらいの時間を当てられる時に、(3) どの程度の難易度つまり長さの項目を、(4) いくつ盛り込むのが適当か、というのは実際にやってみるとすぐにカンがつかめてくる。私が中学3年生対象に実施する時は、(1) 30人の生徒がいて、(2) 合計70分間をグルグル作業にかけられる時、(3) 5〜9語程度の問題文を、(4) 7〜9個程度用意すると、ちょうど良かった。

ちょうど良いというのは、すべての項目にマルをもらってしまう生徒が制限時間が終わった頃には数名出る、ということである。

7. 速い生徒と遅い生徒の調整

マルをもらって「しまう」生徒が出る、という表現を敢えてしたのだが、それは、生徒の実力差による進度調整がこの活動の課題だからである。全員がほぼ同じような進度でマルを獲得してくれれば一番都合が良いのだが、他のどんなスキルや知識でもそうならないように、グルグル・メソッドでもそうはならない。コツをつかんだ生徒（どういうわけだかほぼ100%女子だ）は、どのアイテムも1回か2回で合格し、つかみそこねた生徒（そ

してこちらはどうしても男子が多い）は同じアイテムに何度トライしても
ダメ、という現象がどうしても出る。

　当然、その日のプリント（個人カード）のすべてのアイテムに短時間でマ
ルをもらってしまった生徒と、まだほとんどもらえていない生徒が出るの
で、終わった生徒には次のプリントが必要になる。ところが、それをして
しまうと差は開く一方になり、生徒によってその時トライしているプリン
トが違うことになる。そうなると実務上も煩瑣だし、遅い生徒に与える心
理的影響もおそらく良くない。

　そこで授業運営上、同じプリントを使いつつ、最も速い生徒がそのプリ
ントでやることがなくなってしまう状況を可能な限り先送りすることが必
要になる。ただしそれは、速い生徒に無意味な「足踏み」を強いることな
く、有意義な「歩み」を続けさせながら、というのが条件である。この相
反する要求をクリアするのに私がとる方法は、最後のいくつかのアイテム
の難度を格段にアップすることだ。その方法には２種類ある。

シリアル法

　１つめは、すべてのアイテムを１つ１つクリアした後は、今度はそれら
をすべて続けて言うことが次のアイテムになる、というものである。アイ
テム１がＡという文を、２がＢという文を、３がＣ、４がＤ、５がＥ、６が
Ｆ、７がＧという文を read-and-look-up するのが課題だったとする。そこ
で、７まですべてクリアしてしまった生徒には、８として ABC を、９とし
て DEFG を、それぞれ一気に続けて言うことを課題にする、というものだ。

　例えばその日の題材が「ドレミの歌」で、１で Doe: a deer a female deer
を、２で Ray: a drop of golden sun、３で Me: a name I call myself、４で
Far: a long long way to run、５で Sew: a needle pulling thread、６で La: a
note to follow sew、７で Tea: a drink with jam and bread、８で That will
bring us back to Doe を歌わせたとする。その場合例えば、９として１〜４
を続けて（Doe: a deer ... から ... way to run まで）、10 として５〜９を続
けて（Sew: ... から back to Doe まで）、さらに 11 として１〜９のすべて
（Doe: a deer ... から最後の ... back to Doe まで）を歌うことを設定する、
などである。

この手法は、最初の基本アイテム同士にもともとシリアルな関係（順序）がある場合、すなわち、もともと1〜9が今の例のように歌の一続きの歌詞だったり、あるいはストーリーの一部だったりする場合に、特に適している。

ランダム法

　基本アイテム同士に必ずしも順序性が認められない時は、こちらのほうが適している（し、順序性が認められる時にも使える）。基本アイテムをクリアした後は、今度は教員がその場でランダムに、すでにクリアしたアイテムの中の1つを選んでその日本語訳を言い、生徒はそれに対応したアイテムを言う、というものだ。

　上の「ドレミの歌」のタスクを再び例にとってみよう。1〜9をクリアした後は、教員がランダムな順序で、例えば「お茶はジャムとパンといただく飲み物」と言ったら即座に "Tea: a drink with jam an bread" と歌い、「光線は太陽のしずく」と言ったら "Ray: a drop of golden sun" と歌い、「縫うのは針が糸を引っ張る」と言ったら "Sew: a needle pulling thread" と歌えれば、それぞれマルを獲得してゆくというものだ。キューを出されてから1秒以上の沈黙があったり、発音をミスしたらもちろんバツである。

　あるいは、教科書の本文を構成している9つの文をそのままアイテム1〜9として使う場合を考えてみる。最初は生徒は1に合格したら次は2、2に合格したら次は3、という具合に単純に文を read-and-look-up してくる。そして9まで合格したら、10としてはすでに合格した1〜9のうちのどれかの文の意味を教員が簡潔に日本語で言い、生徒はそれに対応する英語を言う。それも合格したら次のラウンドには11としてまた別の文を言う、といった感じだ。

　基本アイテムはあくまで生徒の側が選んで挑戦してくるのだが、このランダム法では教員のほうがアイテムを選び、しかもその日本語がキューとして出される。そのため、そのランダム性に対応し、かつ日本語の意味に合ったものを即座に想起するためにかなりの注意資源が消費される。よって、より少ない注意資源を発音にあてられる状態でトライしないといけないので、基本アイテムより格段に難しくなる。その結果、仮に即座に反応して正しいラインを歌い出せても発音ミスが多くなり、合格は非常に難し

くなる。ところが、ラウンドを重ねて何度かトライするうちに、より少ない注意資源でも正しい発音ができるようになり、発音の自動化状態に一歩近づけるのである。

このランダム法は、何か教科書本文（あるいは別のもの）に関する QA のセットを用いても可能である。例えば pp. 166–167 の QA の長答をアイテム 1〜9 として使ったとする。つまり生徒は基本アイテムとして、1〜9 の文を read-and-look-up して言うことを求められた、とする。そして 9 まで終了した生徒には、教師がランダムに選んだ Q を投げかけ、それに対応する長答が完璧な発音で言えたらマルを与えるのだ。実際の個人カード上には、基本アイテムに合格したら紙の左側に○をつけてゆき、同じアイテムにランダム法で合格したら紙の右側に○をつけさせるのが良いだろう。

基本アイテムで合格したマルとランダム法や上のシリアル法で合格したマルに得点上の差を設けるか否かだが、どちらでもよい。私の場合は試行錯誤した結果、差を設けないことにした。実際の実力の差、達成度の差を表すには、最後のランダム法やシリアル法のアイテムのマルの得点を基本アイテムの得点よりも大きくするようが望ましい。しかし、考えてみればもともとランダム法やシリアル法は、速い生徒のマル獲得の速度にブレーキをかけるためであった。しかしランダム法やシリアル法のアイテムに合格する生徒は当然速い生徒たちなので、そのアイテムの配点を通常より高くすると、その生徒たちと遅い生徒たちの得点差がますます開くことになる。かといってその差を人工的に縮めるために、配点を通常より低くすると速い生徒たちのモチベーションを下げることになるかも知れない。というわけで、中間をとり、通常アイテムと同じとした。

8. グルグルカードの実例

以上の説明でグルグル授業の概要は理解していただけたと思うが、イメージをさらに的確につかんでいただくため、実際に授業で使用したグルグルカードの実例を紹介する。ほとんどが中学 3 年生の「総合英語」のものだが、大学 1 年生で使ったものも含める。

例1　shi と si をターゲットにしたもの

```
発音個人カード1（S と SH）    組　番　氏名＿＿＿＿＿
              ○の合計数
                    ┌─┬─┬─┬─┬─┐
                    │ │ │ │ │ │
                    └─┴─┴─┴─┴─┘
OKなら○、
ダメだったら何がダメだったかをメモ

1. うれ SI いな　SI んおおさかまで　SI ていせき

2. お ZI いさん　お SI んこか ZI って　ZI ゆうせき

3. "she" and "see"

4. music of New Zealand

5. Lucy, she is sick.　（ねえルーシー、彼女は病気なんだ）

6. Cindy went to Shinjuku by taxi.

7. She was dancing and singing in her seat.
```

　年度最初に使ったカードである。発音に焦点を当てた授業を初めて受ける生徒たちなので、なるべくハードルを下げて、/sɪ/ を /ʃɪ/ と言わせないようにするためのアイテムを集めた。1と2は、「English 五七五」を利用して特に親しみやすくした。「日本語のシーは英語ではすべてスィーだ」という誤解を生まないため、フレーズの中に she もなるべく含めた。

例2 F、V、TH をターゲットにしたもの

発音個人カード2（F, V と TH）　　組　番　氏名＿＿＿＿＿＿＿

○の合計数

1. おばさんの好物ぶっかけぶたどんぶり

2. さようなら先生みなさんまた明日！

3. Cindy, Cathy, Lucy .... they are very funny.

4. With you ×3　　I want to be with you!

5. V-A-C-A-T-I-O-N　　In the summer sun

6. We're on vacation, having lots of fun.

7. I think I'm gonna be sad.　I think it's today.

　1は「ば行」をVで、2は「さ行」をTHで代替する「English 五七五」である。3と4は「English 三三七拍子」である。前回のターゲットである /sɪ/ もあえて組み込んである。5、6は "Vacation"，7は "Ticket to Ride" という歌の歌詞である。もちろん歌わせた。このように歌の中でターゲット音を含む部分だけ利用するのも有効である。

第6章 グルグル授業の心・技・体

例3 RとLをターゲットにしたもの

```
発音個人カード3（RとL）    組　番　氏名_____

                    ○の合計数
                    ┌──┬──┬──┬──┬──┐
                    │　│　│　│　│　│
                    └──┴──┴──┴──┴──┘

OKなら○、
ダメだったら何がダメだったかをメモ

1. RA-RI-RU-RE-RO
┌──┬──┬──┬──┬──┬──┬──┬──┐
│　│　│　│　│　│　│　│　│
└──┴──┴──┴──┴──┴──┴──┴──┘

2. LA-LI-LU-LE-LO
┌──┬──┬──┬──┬──┬──┬──┬──┐
│　│　│　│　│　│　│　│　│
└──┴──┴──┴──┴──┴──┴──┴──┘

3. あぶ RA もの　と RI すぎ　み RU み RU　FU と RI すぎ.
┌──┬──┬──┬──┬──┬──┬──┬──┐
│　│　│　│　│　│　│　│　│
└──┴──┴──┴──┴──┴──┴──┴──┘

4. She's a reader, but not a leader.（読書家だけど指導者ではない）
┌──┬──┬──┬──┬──┬──┬──┬──┐
│　│　│　│　│　│　│　│　│
└──┴──┴──┴──┴──┴──┴──┴──┘

5. We're gonna grab a bite at the pizza stand.
┌──┬──┬──┬──┬──┬──┬──┬──┐
│　│　│　│　│　│　│　│　│
└──┴──┴──┴──┴──┴──┴──┴──┘

6. I'll write love letters in the sand.
┌──┬──┬──┬──┬──┬──┬──┬──┐
│　│　│　│　│　│　│　│　│
└──┴──┴──┴──┴──┴──┴──┴──┘

7. We're on vacation and the world is ours!
┌──┬──┬──┬──┬──┬──┬──┬──┐
│　│　│　│　│　│　│　│　│
└──┴──┴──┴──┴──┴──┴──┴──┘
```

　最難関のRとLなので慎重に導入した。1と2は「English あいうえお」である。特にLが日本語のラ行に聞こえないように特訓した。3は「English 五七五」である。4は「言い分け・聞き分け」の延長である。5、6、7は"Vacation"という歌の一部で、ターゲットのRとLが含まれている部分と、前回のターゲットのVが含まれている部分を選んでいる。

例4　歌 "Stand by Me" を題材にして特に /æ/ をターゲットにしたもの

```
発音個人カード6 (Stand by Me)    組    番  氏名＿＿＿＿＿＿
        ○の合計数
```

1. When the night has come
2. and the l<u>a</u>nd is dark
3. and the moon is the only light we'll see
4. No, I won't be afraid; No, I won't be afraid
5. Just as long <u>a</u>s you st<u>a</u>nd, st<u>a</u>nd by me
6. And darling, darling, st<u>a</u>nd by me, oh, st<u>a</u>nd by me

7. If the sky that we look upon
8. should tumble and fall
9. Or the mountain should crumble to the sea
10. I won't cry; I won't cry; No, I won't shed a tear
11. Just as long <u>a</u>s you st<u>a</u>nd, stand by me
12. So darling, darling, st<u>a</u>nd by me. Oh, st<u>a</u>nd by me, oh, st<u>a</u>nd, st<u>a</u>nd by me

13. 1～3 を通して
14. 4～5 を通して
15. 7～9 を通して
16. 10～12 を通して

　主要な子音は一通り導入したので、歌をまるごと扱うことができるようになった。"Stand by Me" は歌詞内容もよいし、/æ/ の練習に最適である。13～16 は3行をまとめて、かつマイクで歌わせた。この個人練習の後、5～6人グループで分担を決めて歌わせ、ビデオ撮影を行った。振り付けを工夫して踊りまくるグループなどもあり、大変盛り上がった。

STAND BY ME Words and Music by Ben E. King, Jerry Leiber and Mike Stoller © 1961 (Renewed) JERRY LEIBER MUSIC, MIKE STOLLER MUSIC and TRIO MUSIC CO., INC. International Copyright Secured. All Rights Reserved. Print Rights for Japan administered by YAMAHA MUSIC PUBLISHING, INC.

例5　決まり文句と諺を題材に、リズムをターゲットにしたもの

```
発音個人カード 21 (諺・決まり文句)　　組　番　氏名＿＿＿＿＿＿

                    ○の合計数
                  ┌──┬──┬──┬──┬──┐
                  │  │  │  │  │  │
                  └──┴──┴──┴──┴──┘

OKなら○、
ダメだったら何がダメだったかをメモ

1. Thank you very much for everything you've done for me.
   ┌──┬──┬──┬──┬──┬──┬──┬──┬──┬──┐
   │  │  │  │  │  │  │  │  │  │  │
   └──┴──┴──┴──┴──┴──┴──┴──┴──┴──┘

2. Sorry to have kept you waiting.
   ┌──┬──┬──┬──┬──┬──┬──┬──┬──┬──┐
   │  │  │  │  │  │  │  │  │  │  │
   └──┴──┴──┴──┴──┴──┴──┴──┴──┴──┘

3. Here's a little something for you. I hope you'll like it.
   ┌──┬──┬──┬──┬──┬──┬──┬──┬──┬──┐
   │  │  │  │  │  │  │  │  │  │  │
   └──┴──┴──┴──┴──┴──┴──┴──┴──┴──┘

4. The early bird catches the worm.
   ┌──┬──┬──┬──┬──┬──┬──┬──┬──┬──┐
   │  │  │  │  │  │  │  │  │  │  │
   └──┴──┴──┴──┴──┴──┴──┴──┴──┴──┘

5. Do in Rome as the Romans do.
   ┌──┬──┬──┬──┬──┬──┬──┬──┬──┬──┐
   │  │  │  │  │  │  │  │  │  │  │
   └──┴──┴──┴──┴──┴──┴──┴──┴──┴──┘

6. Do for others what you want them to do for you.
   ┌──┬──┬──┬──┬──┬──┬──┬──┬──┬──┐
   │  │  │  │  │  │  │  │  │  │  │
   └──┴──┴──┴──┴──┴──┴──┴──┴──┴──┘

7. All work and no play makes Jack a dull boy.
   ┌──┬──┬──┬──┬──┬──┬──┬──┬──┬──┐
   │  │  │  │  │  │  │  │  │  │  │
   └──┴──┴──┴──┴──┴──┴──┴──┴──┴──┘

ランダムチャレンジ: 言われた日本語に対応する文を即座に答える。○を獲得したら下にマル。
1.    2.    3.    4.    5.    6.    7.
```

ポンポン・パタンを教えて、個々の音素に加えて英語的ポンポン・パタンで言うことまでも合格基準にしたもの (例えば 1 は、OoOoOoOoOooOoO である)。せっかく覚えて言えるようにするのであれば、それだけの価値があるものをと考えて、会話で使える決まり文句と諺を選んだ。「ランダムチャレンジ」は優秀な生徒の進度抑制の役割もあった。

例6　映画『アラジン』のセリフを題材にしたもの

発音個人カード 13 (Al's Home)　　組　番　氏名＿＿＿＿＿＿＿

○の合計数　□□□□□

↓○をつける　　　　　　　　　　　　　　　　ランダム↓

I want to thank you for stopping that man.	
Forget it.	
So this is your first time in the market place, huh?	
You don't seem to know how dangerous Agrabah can be.	
I'm a fast learner.	
Well, it's not much, but it's got a great view.	
People who tell you where to go and how to dress.	
You're not free to make your own choices.	
I ran away and I'm not going back.	
Really?　How come?	
My father's forcing me to get married.	
Well, he wishes there was something he could do to help.	

　映画『アラジン』は、挿入歌の "A Whole New World" とともに、セリフが適当なシーンをいくつか切り取って使用した。左の「○をつける」というコラムは上から順番にトライし、すべて○がついたら右の「ランダム」に移り、今度は教師がその場で指定（簡潔な日本語訳を言う）したセリフを即座に言えたら○がつくという仕組みである。

例7 "The Foolish Frog" という寓話を題材にしたもの

```
The Foolish Frog  個人カード

3年____組____番 氏名_____          / 50

Part 1 (1*10 = 10)
1. おばかなカエル         the foolish frog
2. むかしむかし          once upon a time
3. ごく小さくて浅い池     a tiny, shallow pond
4. すべての植物と石       every plant and stone
5. それを泳いで渡る       swim across it
6. 最大の生き物          the largest creature
7. とても重要だった       was very important
8. 彼が啼くと            when he croaked
9. 礼儀正しく耳を傾けた    listened politely
10.いつも彼について泳いだ   always swam behind him

Part 2 (5*5 = 25)
  1. Once upon a time, a big, fat frog lived in a tiny shallow pond.
     昔々、大きな太ったカエルが小さな浅い池に住んでいた。
  2. He knew every plant and stone in it, and he could swim across
     it easily. 彼はその池の植物や石は全部知っていたし、ラクラク泳いで渡る
     ことができた。
  3. He was the biggest creature in the pond, so he was very
     important. 池では彼が最大の生き物だったので彼は重要人物だった。
  4. When he croaked, the snails listened politely, and the water
     beetles always swam behind him. 彼が鳴けばかたつむりは礼儀正し
     く耳を傾けたし、ゲンゴロウはいつも彼のあとを泳いでついてきた。
  5. He was very happy there. かれはそこではとても幸福だった。

Part 3 (15*1 = 15)
Once upon a time, a big, fat frog lived in a tiny shallow pond.
He knew every plant and stone in it, and he could swim across it
easily.   He was the biggest creature in the pond, so he was very
important.   When he croaked, the snails listened politely, and
the water beetles always swam behind him.   He was very happy
there.
```

　最終的にはこの寓話全体を完璧な発音で暗唱させるためにこのカードを用いた。パート1ではフレーズごとに練習させることで、一文全部を言うパート2への橋渡しとした。日本語が添えてあるのは意味を意識させるためである。最後のパート3ではこの6行が完璧な発音とリズムで言えて初めて合格とした。授業の最後にはこの一節を覚えて書くテストを行った。

例8　英作文教科書の題材を利用したもの（大学生用）

Lesson 13. Diet　学籍番号＿＿＿＿　氏名＿＿＿＿＿＿　総合計＿＿＿点

VOCABULARY　（×2点）
タンパク質 protein　脂肪 fat　炭水化物 carbohydrate　乳製品 dairy products　半調理品 semi-processed food　鯛 sea bream　わさび Japanese horseradish　コレステロール cholesterol　低カロリー食品 food with low calorie content　主食 staple food　調味料 seasoning　顔をしかめる frown　多様化する diversify

PHRASES　（×3点）
- 典型的な日本料理　　　　　　　a typical Japanese dinner
- 1日1回お米を食べたがる　　　　feel like eating rice once a day
- 色とりどりの皿に盛り付ける　arrange food on dishes of various colors
- お米によく合う　　　　　　　　go well with rice
- 食べ物の自然な甘さを引き出す　bring out the natural sweetness of the food
- 植物性たんぱく質が豊富　　　　rich in vegetable protein
- 生魚を苦手にする　　　　　　　have a problem with raw fish
- 朝食に関しては　　　　　　　　as far as breakfast is concerned
- 国民の生活水準が向上した　　　the nation's standard of living has improved

RESPONSES　（×5点）
- What do most Japanese usually eat for dinner?
  --rice/fish/meat/vegetables/*miso*/pickles
- Why do an increasing number of Japanese today eat a Western breakfast?
  --too heavy
- What Western food do Japanese children particularly like?
  --hamburgers/pizzas/spaghetti
- What is junk food?　--high/fat/bad/health

TRANSLATION 2　（×10点）
- ＜魚が貴重＞From ancient times down to the present day, seafood has been an invaluable source of protein in Japan.
- ＜素材の持ち味＞Japanese dishes are prepared to retain as much of the natural flavor, color, and taste of the materials as possible.
- ＜食生活の変化＞Japanese eating habits have undergone considerable changes in the past 50 years as people's lives have become more and more westernized.

　日本文化がテーマの英作文教科書の題材。VocabularyもPhrasesも、私がランダムに言う日本語に対応する語句・フレーズが即座に完璧な発音で言えたらマル。Responsesは同様に質問に答えられたらマル（解答は教科書にある）。Translationは教科書の和文英訳の解答だが、これも完璧に言えた場合のみマル。授業最後に回収し、この総合計点が成績のすべて。

9. グルグル授業参加生徒の声

　最後に、関西大学第一中学校で2007年度に私の「総合英語」を受講した3年生の感想を紹介する。受ける側から見た発音重視グルグル授業の姿が浮き彫りになっていると思う（下線は靜による）。

◆英語の歌とか映画の台詞とかが言えるようになっていくのがうれしかったです。コマーシャルとかで、総合英語で習った歌がよく流れていて、<u>一緒になって歌えるようになったのは自分でもすごく成長したな</u>と思いました。普通の英語の授業で音読をするときなど、「ここはたぶんくっつけて言うだろうな」とか<u>読み方とかがある程度推測できるようになって良かった</u>です。
◆総合英語を受ける前までは、発音を気にせずに「だいたいこうだろうな」とアバウトに英文を読んでいましたが、1年間勉強して発音に対する考え方も変わり、自分でも<u>上達したことを実感できました</u>。もともと英語の歌が好きでよく歌っていましたが、<u>習ってからはもっと歌うのが楽しくなり</u>ました。
◆私は1学期の時、発音テストで何度やっても合格できないのや、途中であきらめてしまう問題もありました。でも今は合格できる問題の数も増えて、また<u>テストも楽しくできました</u>。テストを通じて、普段しゃべったりしない人とも話すこともできました。この総合英語を1年間受けて自分的に発音などの面でとても大きく変われたと思います。日本では珍しい授業なので<u>こんな授業が増えればいいと思います</u>。ありがとうございました。
◆円になってひとりずつ先生に発音をチェックしてもらうとき、<u>合格したらすごくうれしかった</u>です。<u>正しい発音をしているとリスニング問題とかが聞きやすくなった</u>と思います。毎回授業が楽しかったです。すごい総合英語の授業はとても為になりました。
◆1年前、総合英語を受ける前までは自分の英語の発音やリズムがとても<u>日本語っぽくて英語をしゃべることが苦手だったのに、いまでは英語をしゃべることが楽しくなってきました</u>。総合英語を選択していてとてもよかったなと思います。

◆初めの頃は正直、総合英語の授業が苦痛でした。発音もよくわからないし、テストもなかなか○がもらえなくて残念でした。しかし最近は以前に比べると上達したようで、○をいっぱいもらうことができるようになり、とてもうれしかったです。総合英語以外の英語の授業でも発音に気をつけるようになりました。英語をもっとしゃべりたいなと思いました。

◆この1年間の間に総合英語の授業を受けて、リズムの大切さと発音の大切さがわかり、自分でも発音がよくなったことがわかってとてもうれしかった。テスト形式の授業では毎回、自分の番が来るとかなり緊張した。マラソン形式なので、友達に勝とうという思いでやってきて、とてもいい授業だと思いました。とても思い出に残る授業で、良いスキルが身についたと思います。

◆英語の授業はただ英文を読むだけだったり文法を勉強するだけだったけど、総合英語は歌を歌ったり、ラップ調で英文を読んだりするので本当に楽しかったです。今までは授業はめんどくさいし眠くなるので嫌いだったけど、総合英語だけは楽しいので積極的に授業に参加できました。英語を話すのが好きになったので、今度話す機会があれば授業のことを思い出して使いたいと思います。

発音は大事です。

第 7 章 結論

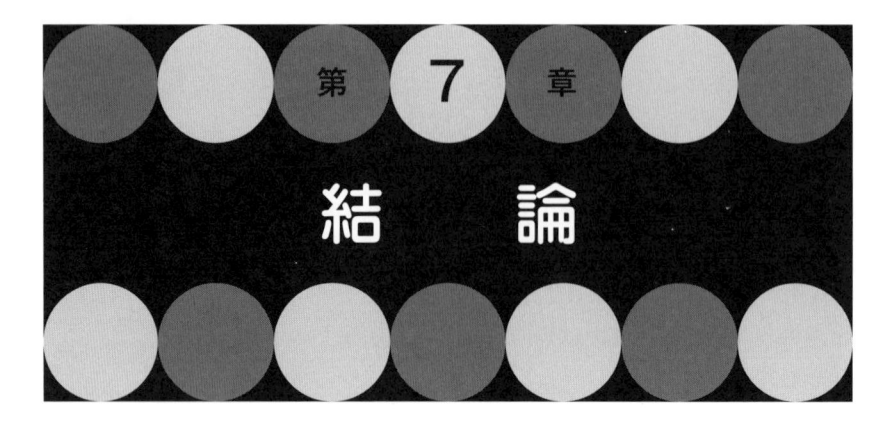

最後に靜流英語授業道における心・技・体の在り方をまとめたいと思う。

1. 発音指導と達成感

まず関西大学大学院外国語教育学研究科の講義科目「外国語教授方法論」の2008年度受講生、植野文雄君が学期末に「授業の振り返り」として私にくれたメールが、靜流授業道のポイントをなかなかうまく表現してくれていたので、本人の了解を得てここに紹介する。

> 1学期間ありがとうございました。靜先生には、僕がこれまでに知らなかった多くのことを教わりました。
> 1) 発音指導
> 　言うまでもありませんが、発音指導は大切だなぁ、きっちりしないとイケないなぁということを教わりました。今まで日本の学校で日本の先生から発音の正しい指導を受けたことは、一度もありませんでした。きれいな英語を話す先生にあたったことも、ほとんどありませんでした。そのくせ、学期末テストには、毎回きっちりと、発音の同じ単語を示す問題や、アクセント・文のイントネーションを問う問題が出されていたのには、疑問を感じていました。
> 　生徒に、発音のおかしい英語を毎日聞かせるのは罪だな、と靜先生の授業を受けてから初めて考えさせられました。また、生徒に発音の仕方を曖昧にさせたまま、はやりの音読をむやみにさせるのも、よろしくないと思

いました。発音に自信をつけさせることは、生徒がもっと英語に触れたいと思うための十分な動機づけになる、と思いました。
2) 達成感とは、つらいことを乗り越えたときに感じる
　靜先生は、「授業の中では圧迫感やプレッシャーを生徒にどんどん感じさせたい」とおっしゃっておられました。僕は序盤、その言葉に戸惑いました。「それで大丈夫かな？　ニコニコがない授業で、生徒が英語を勉強したいと思うのか？」　しかし、先生の学部の授業を見学させていただいてからは、また、半年間授業を受けてからは、その疑問は僕の中で消えていきました。
　厳しく指導し、上手に生徒に緊張感を与えることで、生徒が「この野郎！」という気持ちになり、もっと頑張るようになる。でも、一回や二回ではうまくならずに、何度も「ダメ」と言われる。それでも、また挑戦する機会がすぐに与えられるから、「今度こそ」と頑張る。そして、うまくできたとき、「よっしゃー。やったー」という声が出る。隣同士で、達成感を共有するための自然な会話が生まれる。
　先生の授業では、生徒の活動（生徒が英語を使う機会）が非常に多い。本当に、英語の力がつくような構成になっている。そして、毎回の学習の最後に、「じゃあ、できるようになっているか、やってみましょう」というラップアップの活動が用意されていて、生徒が実際に練習の成果を発揮する場がある。
　「楽しい」の意味をはき違えてはいけない。生徒が話を聞いてくれないからきつく言わない、とか、生徒が嫌がるからしんどいことはさせない、という指導では、事態は悪化する。自分の中で、きっちりとチェック項目を設定して、そのための下準備に時間をかけて、生徒がしんどいタスクをいかに楽に吸収できるようにするかを工夫する。そして、ゴールに向かって厳しく指導する。アフターフォローやフィードバックはきっちり行う。大変でしょうが、大切なことですね。

2. 自己表現と教師の英語力

　さて、平均的日本人英語教師に最も足らないのは教授法の知識ではなくて英語の運用力だ、というのが私のかねてからの持論である。例えば、パラフレーズを主体にした授業を展開しようと思っても、教科書の題材を自由自在にパラフレーズする力が教員になければ、そんな教授法が利用でき

るはずもない。解答として出てくる英文の正誤判断ができないなら、どうしても、自由英作文を課すのを避けようとするはずだ。

このように、授業のあり方は英語教員の英語力と深い関係があるのだが、そのあたりについて考える材料を提供してくれるメールを紹介する。大学院生がある中学の授業観察に行った感想を報告してきてくれたものだ。これも本人の了解を得てここに掲載する。

> 　僕は今日、○○のある中学校の授業を拝見してきました。がんばっている先生がおられるという話を聞いていましたので、期待をして行ってきました。授業はたいへん活動が多く、活気に満ちていました。しかし、一点とても気になったことがありました。
> 　授業では、生徒たちが発表のためにスピーチ原稿を音読、暗誦をしていました。指示はものすごくよくとおり、活発に活動していたのですが、彼らの音読を聞いていると「変な間違い（... in 1889 year. など）」が起こるのです。よくよく観察してみると、彼らの原稿自体がおかしいのです。
> 　僕が声をかけた生徒さんには訂正を促したのですが、あまりにも気になったので授業後先生に「添削はしないのですか？」と訊いたところ、「もう添削しました」との返事が返ってきました。
> 　帰り道、いろいろと考えることがありました。あれだけ一生懸命生徒たちは英文を覚えよう、読もうとしているのに、それが間違った文であることを知ったらどれだけショックだろうか。そして、どれほど自己表現を大切にして、生徒にアウトプットさせたとしても、教師のチェックがきちんと行われない場合、どれほどの意味があるのだろうと、思いました。
> 　今、巷では（僕もそのひとりですが）英語の授業をどうすればよいかを多く議論していますが、教授法とともに英語力を磨く重要性があるということを、僕を含め「英語教師」がもっと認識しなければ、英語教育の未来はないように思いました。

どうだろうか。私には、特に多くの中学の先生は「自己表現」（←いまひとつ私には意味というか意図がわからないが）とかいうものをさせなければいけない、という妙な固定観念にとらわれているように思える。もちろん自分の気持ちや意見が言えるようになるのは結構なことである。しかし大した英語力の蓄積や伝えるほどの内容がない段階から、「させねばならない、させねばならない」と大上段に構えるほどのものとは思わない（誤

解のないよう申し添えるが、私自身の授業（大学）では、その日の授業題材の英語要約と、内容についての自分の意見を英語でまとめたものを書いてくることを毎回の予習としてさせている。しかし別に「自己表現」などという大それたことをさせているつもりはない）。

　また、自由に書かせた英文の処理にはかなりの英語力が要求される。英語教師自身が普段から英語で「自己表現」（?）をもっともっとすることで英語運用能力を高めるべきだ、というのもかねてからの私の持論の1つだ（しかし一向に英語教育界に受け入れられる様子がない）。英語教員が集まって英語教育のあり方を論ずる研修会や大会などの格好の機会に英語を使う自信（あるいは、自信はないが、使ってみて恥をかくことで足らない部分を見つけ、さらに自分を鍛えようという気概）のない英語教員には、生徒の自由英作文を処理するのはどだい無理である。

　この学生曰く、「自己表現をいっぱいさせるけど（明らかに）間違った英文を暗記させる授業と、自己表現などはしないけどきちんと教科書を教える授業と、どちらがいいんでしょうね？」

＊　　　　＊　　　　＊

　私が伝えたかったことはおおよそ以上である。次ページから、特に重要な点を「十五戒」としてまとめておく。またその後に、そのような理念に基づいて展開した私の授業を1年間ないし2年間受けた中学生、大学生、大学院生（現職教員を含んでいる）の生の声を載せておく。生徒に好かれることや「楽しく」授業することを「目標」とせず、とにかく英語を「きちんと」教え、上達の感覚と達成感を味わわせるためのトレーニングを厳しく課すことが、「結果」として彼らに真の喜びを体験させることにつながっていることを、是非読み取っていただきたい。

　読者が本書の内容をよく咀嚼して自分の生徒たちを幸せにし、またそれによって楽しい英語教師生活を送られることを心から願っている。では、ごきげんよう。

靜流英語授業道　心・技・体　十五戒

(心)
一．　生徒に好かれようなどと思うな。英語教師の仕事は生徒に好きになってもらうことではない。英語の力をつけてやることである。そのために「嫌がられる」ことをしてやるのも仕事である。

二．　ことさら英語を好きにしようなどと思うな。好きだの嫌いだの言っているのがそもそも甘い。英語は道具として必要だからやるのであって、それ以上でも以下でもない。近隣アジア諸国を見習え。

三．　歌舞音曲や遊戯やICT（情報通信技術）に頼ってことさら楽しい授業をしようなどと思うな。生徒に対する迎合は何も生まない。本当の楽しさは、苦しさを乗り越えてできなかったことができるようになった達成感から生まれる。

四．　「生きる力」だの「心を育てる」だの口にするのは、やることをやってからにせよ。英語は技能であって道徳ではない。「読み書きそろばん」としてのスキルがしっかり身につかなければ、他の何が育っても英語授業としては意味がない。

五．　授業では生徒にプレッシャーとストレスを与えることをいつも考えよ。授業はリラックスの場所ではなく、訓練の場である。常に生徒をいかに忙しくするかに頭を絞れ。

六．　「通じる」ことは単なる必要条件であって十分条件ではない。意味が通じる英語をさらに良いものにブラッシュアップしてやれる場所は教室しかない。「通じればよい」という世間の基準に合わせていては、コーチングの専門家たる教師の存在価値がない。

七．　生徒のパフォーマンスは常に評価してそれを伝えよ。どんな場合にも足らない点を見つけてダメを出せ。ダメ出しとはすなわち向上のためのヒントでありアドバイスである。評価のない発表は時間の無駄遣いと心得よ。

八．　題材内容の面白さに頼らず、自分でデザインする活動内容で生徒を惹きつけよ。題材は面白いにこしたことはないが、たとえ無味乾燥な題材であっても魅力的な授業はいくらでもできる。自分の授業のつまらなさを教科書や教材のせいにするな。

九．　いつ誰に「授業を見せて欲しい」と言われても断るな（若林俊

輔先生曰く、「他人には見せられない授業を毎日生徒には見せているのか?!」)。「授業を見せてください」と頼んで断るような先輩教師は見限ってよし。

(技)
十．　一斉授業の局面は必要最小限に抑え、ペア、グループ、グルグル局面を増やせ。プリントで配れば済むことを授業で解説して時間を浪費するな。授業では対面でしかできないことをやれ。授業時間の八割はひとりひとりの生徒が何かを英語で言っている状況を作り出せ。

十一．　生徒に音読させる時は、耳を澄まして音を聞き、目をこらして唇の動きを見よ。自分では気づかないダメな点、足らない点を発見してやり、もっとうまくなるためのアドバイスをしてやるために音読はさせるのだ。

十二．　発音や文法など、英語の形式面で改善すべき点は日本語できちんと指摘してやれ。内容本意のやりとりを続ける中でさりげなく正しい形を聞かせるようなESL（第2言語としての英語）式では、EFL（外国語としての英語）の日本で生徒に伝わるまで100年はかかる。

十三．　自分が英語で授業をすることにこだわるのでなく、生徒たちにいかに英語を使わせるかに心をくだけ。授業でもテストでも応答・解答として日本語を言わせるな、書かせるな。英語を言わせよ、書かせよ。英語は話せてナンボ、書けてナンボである。

(体)
十四．　教室では、いつでも生徒の範となるにふさわしい、きちんとした発音で英語を話せ。英語教師の口から出てくる英語は一言一句がすべて商品である。母語話者と「どことなく」違うのを超えて個々の音が「間違っている」のは商品として許されない。

十五．　教材の英文およびその関連事項について、生徒にわかる範囲の英語で自由自在に解説し、言い換え、要約し、具体例を出し、質問ができるだけの英語運用力を持て。一般的なプロのユーザーに必要な英語力と、プロの英語教師として備えるべき英語力は、質が異なる。

▶生徒・学生の声◀

第一中学校（3年生）「総合英語」

◆これからは英語を話せることが大切だと思うし、やるからには発音もちゃんとできているようになりたいので、この時期に正しい発音の仕方をしっかり教えてもらえてよかったと思います。歌などで教えてもらって退屈することもなく楽しくできました。アラジンとかマライアとかオバマとか、みんなが知っているものでできたのでやる気もでました。これからもずっと気をつけていってきれいな英語をマスターしてかっこよくなります!!　（Aki）

◆先生の授業は、発音にはとても厳しかったけれど、映画や有名で良い曲等を見たり聞いたり、沢山楽しかったです。この1年間で、自分では、発音が良くなったと思います。また英語のリズムも何となくわかってきたので、リスニング力も大分ついたと思います。本当に先生の授業は面白くて楽しくてためになりました。先生大好きです☆　（Shihoko）

◆この1年間で自分でもびっくりするくらいうまくなったと思います。最初はHとFなどの発音の違いがわからなかったけど、今では英文を見ると、あまり意識せずにきれいに発音できるようになりました。おかげでスピーチコンテストも昨年より上手くできました。英検の時も自信を持って挑めました。二次試験もうまくいき、2級に合格できました。先生のこの1年の授業で、好きな英語が大好きなり、自分の英語に自信を持てました。習ったことを忘れないようにしたいです。（Yukiko）

◆総合英語の授業を受けるまで、英語の発音やイントネーションはあまり重要なものではないと思っていた。けど、LやRの発音は難しいけど大切なものだと思った。先生のおかげでどんどん発音うまくなっていって、英語を読むことが楽しくなった。自然に英語の授業も好きになって、発音をほめられることがとてもうれしかった。この1年間で習った英語は一生忘れたくないものになった。英語嫌いの私を大の英語好きにしてくれて、楽しい授業ときれいな発音を教えてくださって、ありがとうございました。（Chie）

◆私は本当にこの授業が好きでした。しんどい時もあったけど、毎週授業を受けてだんだんしゃべれるようになって楽しくなってきました。前より日常生活の中で英語をしゃべるようになりました。本当に英語がしゃべれるようになりたいので、これからも、rやlなど注意するべきところに注意したり、学習していきたいと思います。お母さんにも、「しゃべるの上手になったわね」と言われたり、自信がすごくつきました。私が有名になったら先生のことをいい先

生だと紹介したいので楽しみにしといてください。(Minako)

◆楽しい&ためになる授業を本当にありがとうございました♡　先生のおかげで、英検の2次面接のリーディングも自信をもってできました!!　←ここ成長したと思います！　前は自信なかったので。本当はずっと先生の授業を受けておきたいです〜 x_x♡♡　でも、教えてもらったことを忘れないように頑張ります!!☆　あと「L」の発音をどうにかしたいです(^_^)　(Eri)

◆総合英語で英語発音し始めた頃は、THやFの発音がとても難しくて、本当にうまく発音できるようになるのかと思っていましたが、日本人には難しい発音を毎週やっていくことで、英語のリズムや英語独特の発音が、だんだんわかるようになってきて、意識して読むようになりました。初めの頃よりもだんだん発音することに慣れてきて、最後の方には、前よりも意識しなくても口が勝手にそういうふうに動いて自然に発音することができるようになりました。単語も発音して覚える事でとても覚えやすくなりました。(Arisa)

◆総合英語は自由だし楽しいのに、ためになったと思う。英語はこれからの社会で絶対必要だと思うし、英語の文法やスペルや文型を覚えても、それをうまく発音できなければ、英語ができたと言うことはできない。だから総合で英語をとってよかった。(Tomoya)

◆1年という時間は思っていたより短かったです。1年前と比べたら、上手になって今まで知らなかった知識も手にすることができたと思います。チームを組んでするときもいろんな曲を英語で歌うことができて楽しかったです。先生は厳しくて、とても楽しくて、やさしい先生だと私は思います。これからも頑張ってください。(Karen)

◆週に1回、2時間という貴重な時間で、とても楽しい時間を過ごすことができました。そのおかげで歌はうまくなったし、ネタや一発ギャグのレパートリーも増えました。英語の授業でも僕は発音のヒーローにもなりました。英語の歌もめっちゃ覚えました。特にStand by Meは僕の十八番となりました。本当にありがとうございました。(Masato)

◆僕は最初は本当に英語の発音はできませんでした。少しずつ理解していこうと思っていたけど、最初はなかなかできませんでした。何回も苦しんだけど、練習していくごとに、英語の発音がよく分かってきたし、発音ができるようになりました。この1年間楽しかったです。(Yuki)

◆1年間めっちゃ英語楽しかったです！　最初は発音が下手でうまく出来なかったけど、今は　歌とかも歌えるようになったし、グループでみんなでまわしながら歌ったりして、楽しく発音を勉強できた^o^　この1年で変わったことは普通の時でも英語で習った歌を自然に歌ってたり、Lは苦手だけどRの発音は

良くなりましたよっ！（笑）　THとかも〜っ☆☆　（Manami）

◆最初は、変な授業でびっくりしたけど、とても楽しく英語の発音の練習ができてよかったです！　歌を歌ったりアニメのセリフ覚えたり、楽しく面白く英語を身につけられたのでよかったです。1年間この授業を受けて、R、L、V、F、TH...いろんな発音を意識して発音するようになれました＾_＾♡　これからは意識しなくてもかっこよく☆外国人みたいに発音できるように頑張ります＾_＾★☆　先生もいろいろ頑張ってください‼　（Haruna）

◆最初は英語の発音は難しくて、RやLなども、簡単に身につけることができませんでした。でも先生とマンツーマンで発音を練習していくと、RやLもできるようになったし、FやVやTHなどもできるようになりました。これからも発音に気をつけて英語を学んでいきたいです。（Hirotaka）

◆1年間の発音練習、本当に楽しかったです！　私は正直こんなに発音がうまくなると思っていなかったので、今とてもうれしいです。将来英語を使う時に、この1年間に学んだことを生かしたいと思っています。毎回違うネタで（オバマや歌等）授業も飽きなかったし、総合英語選択して本当によかったと思います。授業中にこんな笑うことが多いとは思ってなかったです。（Kanae）

◆僕はもともと英語が得意でしたけど、発音は唯一下手でした。1年間で自分の発音に自信がつきました。これでネイティブにも気軽に話せるようになったと思います。（Hidetaka）

総合情報学部「上級外国語（英語）III ab, V ab」

◆今まで受けてきた英語の授業にはなかった良さ、楽しさ、しんどさがあり、一番自分のためになる授業だった。初めてこのクラスに来た時、自分が使えていた英語を直されてとてもイヤだった。けれど、授業を通して思ったのは、直されても自分のためになっているということ。毎週木曜の課題が嫌で嫌で仕方ないときもあったけれど、そう思ったときに行く授業はいつも楽しかった。どの授業よりも工夫のされた、居心地のいいクラスだった。（杉本裕美）

◆最高に価値のある授業をありがとうございました。高校の時に留学でニュージーランドに行って初めて発音について気にしました。日本に帰ってきて音読の練習をしようと思っても、英語の先生の発音は下手くそで教えてもらうこともありませんでした。大学に入って初めて静先生の授業を受けて衝撃を受けたのは言うまでもありません。怖かったけど‼（笑）不真面目でしたが、これでも先生の授業は一番意欲的に受けました‼　だって時間経つの早いんですもん！　要するにめちゃくちゃ楽しかったってことです。大学で、一番ためになっ

たと思います。お金払った方がよかったかも！(笑)　これからも日本の英語教育に革命を起こしていってください。love ya ♡　(泉野恵里)

◆1年の初めに「少し厳しめでいくクラスだからね〜」と言われた時は正直ビビりましたが、退屈しないでとても楽しく毎週充実感が得られるクラスでした。英文の暗唱という方法は、単語の意味や用法を自然に身につけるのに最適で、最近は家庭教師先でもやってみたりしています。常に「少し厳しめ」「少し難しめ」という言葉の通り、難しめの教材でやってきたので、この2年でかなり英語が improve した気がします。(池田遼介)

◆最初はホンマ「クラス選択間違ったな」と思いました。初回授業でいきなり英語で講義されてビビッた記憶があります。宿題多いわ、先生恐いわ、泣くかと思ったけどなんとか必死でついていきました。涙目。でも2回生でも先生のクラスになれてうれしかったです。いつのまにか大好きになっていたんですね☆☆　先生の授業は他にないくらいためになったと思うし、あんなにやりがいのあるのは他にないと思いました。まだまだ毎回おこられてばっかで、先生に言われたこと吸収できてないんで、これで最後とか残念です...！　お疲れ様でした♡　(大山美幸)

◆長い間英語を学んできましたが、これ程自分の英語に対する姿勢が間違っていて、できないって実感し、ショック受けたのは初めてでした！　今まで口の動きを意識してなかったり、自分で単語の読み方を創作してたりで、なかなか文の発音のテストの時に合格もらえず、逃げ出したくなった時もあったけど、先生やみんながいたから最後まで頑張れたと思います。本当に大変で、けど本当に楽しい授業でした！！　金曜日が楽しみで仕方ありませんでした！！　先生の授業が受けられなくなるのは寂しいです！！　(田中智美)

◆先生のおかげで好きだった英語が大好きになりました。頑張って将来通訳になります！！　2年間本当にありがとうございました。(廣瀬祐弓)

◆はじめ金曜2限がめっちゃ苦痛だったケド、授業をうけるにつれ、先生の授業がめっちゃ好きになりました♡　ドSな発音訓練、楽しかった〜！！！　ありがとうございました☆　先生大スキ♡♡　(中井恵)

◆先生のドS授業で鍛えられて、TOEICで良い点数がとれました。(^^)/ ありがとうございました☆　最初は宿題と授業中の小テストが辛くてヒーヒーゆってましたが、今となっては、自分のためになったので良い思い出デス(^w^)本当に(^A^)これからも頑張ってください☆◆　そして同じ名前の私のこと、忘れないでくださいねˆ@ˆでは！(稲田静香)

◆発音の鬼、静先生との出会いは衝撃的でした。(亀井奨平)

経済学部・商学部「上級外国語（英語）II ab」

◆前期より周りの皆の発音がすごく良くなって、ひとり取り残されていくのが怖くて頑張ってついていくのに必死でした。でも1年間先生の授業を受講させていただいてやっぱり英語って楽しいなあと感じました。もっともっと上達できるよう、これからも続けます！（船橋充）

◆初めて英語でプレゼンするなど、1年間常に新鮮で、楽しんで授業を受けることができました。毎回この授業で力を使い果たすので、4限は寝ていました。来年はこんなかわいそうな（?）生徒を生み出さないよう4限が英語だといいなと思いました。1年間どうもありがとうございました。（畠中美穂）

◆ついに英語終了。最後までついていけて（?）感動です。この授業が始まる30分前には必ず胃が痛くなりました。（笑）でも、先生の英語の授業は好きでしたよ。とりあえずJapanの発音は忘れません！（射場沙織）

◆1年間ありがとうございました。春学期は先生の厳しい発音の指導で落ち込んだり疲れを感じたりしましたが、その指導のおかげで他の友達よりは発音が上手くなりました。本当に感謝しています。（村田裕章）

◆本当につらい時もあったし、プレゼンでの厳しい指摘が怖かったけど、終わってみるとどれも自分の力になっているし、皆の仲も深まって楽しかったです。先生から学んだことを忘れず、これからの英語の勉強に役立てたいと思います。厳しい指導、ありがとうございました!!（西田侑未）

◆先生の授業は、どの授業よりも刺激的♡でした。もともと発音をちゃんと教わったこともなかったので、すごくいい勉強になりました。今後とも、th, r, l の発音は気をつけます（笑）。（河野枝織）

◆最初は厳しくてどうなることか正直不安でいっぱいでしたが、その厳しさにも慣れ、英語のプレゼンの力も確実につき、確実に前進しているように感じます。発音を直されたことも今までなかったので、自分の身についたと思います。1年間を通して靜先生のクラスでよかったと思いました。（藤村友美）

◆決して気楽な気持ちで受けられる授業ではなかったですが、毎回先生は生徒みんなに的確なフィードバックをしてくださるので、新しく学ぶことの他に、自分のできる・できないことも確認することができ、とても有意義な時間でした。90分の授業時間も「もう終わり?!」と感じるくらい毎回とても夢中になれる授業内容でした。（大久保知香）

◆1年間本当にありがとうございました。当初は授業の大技・小技を見せていただこうという目的だったのですが、そんな思いよりも、「英語がうまくなり

たい」という思いが強くなり、しっかり学生として授業を楽しんでいました。授業での練習もためになりましたし、それ以上に授業に臨むためにテキストを音源から書き取ったり、Read and Look Up したりと、何とか授業中「立たずに済む」ように頑張っていたのがとても楽しかったです。今後の自分の授業に生かせるようがんばります。ありがとうございました。（劉　崇治）

文学部「英語科教育法 (I)(II)」

◆大学という、制限があまりない場所で、静先生の授業ほど様々な制限があった授業はありません (笑)。先生は最後に、「楽しい授業をするな」とおっしゃっていましたが、僕にとっては非常に楽しい授業でした。とても引きつけられる授業でありました。（遠藤草太）
◆今までの英語の先生の中で、一番自分のためになると感じた授業を行ってくれたのが静先生だった。英語の先生がみんなこんな先生だったら、もっともっと英語の発音がしっかりできる人が沢山うまれるのになあと感じた。英語の授業法は静流が一番だと思いま〜す。(^^)　（中村翔）
◆内容はとても厳しく、だけど1年を通して身についたと感じられる授業だったと思います。このような授業にめぐり合うことができて、私は本当にラッキーだったと思います。（中野阿佐子）
◆厳しいし課題は大変だけど、履修している科目の中で一番楽しみにしていました。発音ができるようになると英語へ関心が行くようになり、話せるのが楽しいなあと思いました。先生の授業は情熱あるなと思います。（岩田聖子）
◆すごく難しくて大変でしたが充実していて、私が通っているすべての科目の中で一番やりがいがありました。（加藤裕美）
◆とりあえず春に初めて授業受けた時は、精神的にポキッと折られそうになりました。でもだんだんと先生に褒められることも増え、授業にも慣れてきたので、とてもやりがいのある、受けていてとても自分のためになる授業だと思うようになりました。（大城龍平）
◆本当に勉強になりました。発音はもちろんのこと、音読の際のリズムがいまいちわからなかったので、ポンポンの技を見た時は「こんな方法があったのか」と驚きました。また英語の授業について私が今まで持っていった概念を覆されるくらい、一つ一つの活動方法がとても面白いし、私も教員になった時実践したいと思いました。（百村真梨奈）
◆楽しい授業でした。最後の「十五戒」は心に留めておきます。好かれようとするなとか、英語好きにしようとするなとか、すごいですけど実践したいと思

います。先生に習えてよかったです。中学・高校で先生に習えていたら、もうちょっと英語が話せるようになっていたかも...（岩槻友太）

◆1年間通してお世話になりました。はじめはこの授業が、辛くて仕方なかったです。けどだんだん発音で気をつけるところも分かってきたし先生にもマルッ！と言ってもらえることが増えて、授業が楽しくなりました。12月に小学校の英語の授業研究に参加して、楽しい雰囲気さえあれば良い、という考えに驚きました。英語に興味を持って楽しみにしている時こそ、正しい発音を身につけてやるべきだと改めて思いました。（西尾朋子）

◆1年間この授業で勉強させていただいて、英語の教員になることの大変さを実感しました。先生は風邪で声が全く出ない時も授業をするなど、いつも1秒たりとも無駄な時間のない、ためになるやりがいのある授業をしてくださいました。プロはこうあるべきだという姿を先生の姿から学びました。先生のような先生になれるように頑張ります。（竹位奈都実）

◆1年間、靜先生の英語科教育法を受講して、何が英語教員として絶対に必要かということを学びました。それは主に3つあります。まず、教師がゴールを設定し生徒にもそれを提示していること。正確な発音を常に行う。それがこの授業のゴールの一つでした。目指すべき目標がはっきり提示されているので、どれだけ達成できたか、授業を受けると毎回、自分なりに判りました。2つめは、教師が常に生徒の発表の出来を評価または注意すること。グループワークの最中、先生は離れているにもかかわらず発音を指摘される姿に、本当に耳は2つなのか？と驚きました。たゆまなくチェックする姿勢は、ひとりひとりの生徒を見てくれている、という信頼感にもつながりました。そして最後に、確固たる英語力を持っていること。生徒が自分の英語のミスに気づかなければ、指摘して時には正解を教える。特に口頭発表でのミスを瞬時にかつ的確に指摘できるのは、英語の高い技能がなければ不可能です。しかしそれは英語という技能を教える教員として最低限必要なことではないか、とこれまでよりも強く思うようになりました。英語教員としてのベースを学んだ1年間でした。（箕嶋桜子）

外国語教育学研究科博士課程前期「外国語教授方法論」

Do you have aching muscles?
Sato Hiroko

Through the experiences in this class, I have come to think that English pronunciation training is very much like muscle training. Indeed, practicing English pronunciation means training yourself in getting your muscles of your mouth and tongue instantly and automatically in position to produce target sounds. Though you can enjoy all kinds of sports without bothering about muscle training, if you want to be a good player, you must start developing your muscles and if you want to be a professional, only more so.

When you are standing in front of your students, you must use English that is correct in terms of not only grammar but also pronunciation. If you are not competent enough to do so off hand, the only way to meet the requirement is to prepare beforehand until you feel confident. Just like you should check your form in the mirror during weight training, you should record and listen to your own speech. Which I did. When I listened to my own utterances, I was shocked and saddened to find that they were far worse than they were supposed to be! But that's the moment you know the target you should work on. As a rule, you must not practice in front of your students in class. Finish preparing backstage before treading the stage.

In weight training, you lift weights in order to, in a sense, damage your muscle tissues. That is because, when they heal, they are reborn stronger. My trainer at the gym always tells me that lifting weights you can handle with ease, which results in no muscle pains afterwards, is a waste of time if your purpose is muscle-building. You should feel happy when you have aching muscles because it is a sign that the training was effective and your muscles are being enhanced.

Here in this class, we have everything we need to train our English muscles: a training place, a strict, knowledgeable, skillful, and demanding trainer enthusiastic about elaborating endless training menus beyond our imagination, and peers who have the same purpose and can help and give advice to each other. At first, we may not be able to do it well and feel desperate, but when we keep training in the right way, gradually our muscles will become stronger and these strong muscles will help us improve our performance as an English teacher. Since we have already signed up for the famous (or infamous?), Shizuka Gym, let's make the best use of it and strengthen our English muscles. Let's enjoy muscle pains!

著者紹介

靜　哲人（しずか・てつひと）

埼玉大学教育学部教授。靜流英語授業道家元。
1960年、群馬県生まれ。
東京外国語大学外国語学部英米語学科卒業。
コロンビア大学 MA（英語教授法）。
レディング大学 PhD（応用言語学）。
大妻中学・高等学校、大妻多摩高等学校、福島工業高等専門学校、関西大学をへて 2009年10月より現職。
専門は英語授業実践学・言語テスト論。

主要著書等

『カタカナでやさしくできるリスニング』（研究社）
『英語授業の大技・小技』（研究社）
『英語のテストはこう作る』［翻訳、アーサー・ヒューズ著］（研究社）
『英語テスト作成の達人マニュアル』（大修館書店）
『English あいうえお』（文藝春秋）
DVD『英語発音の達人ワークアウト English あいうえお』（ジャパン・ライム）
『基礎から深く理解するラッシュモデリング：項目応答理論とは似て非なる測定のパラダイム』（関西大学出版）
『スペシャリストによる英語教育の理論と応用』［共著］（松柏社）
『外国語教育リサーチとテスティングの基礎概念』［共著］（関西大学出版）
『構造から学べるパラグラフライティング入門 Writing Navigator』（松柏社）
『オーラルコミュニケーション展開事例集Ⅰ・Ⅱ』［共著］（一橋出版）
Reading in Action（金星堂）
Planet Blue Writing Navigator ［共著］（旺文社）
Planet Blue Oral Communication I ［共著］（旺文社）
Power On English Reading ［共著］（東京書籍）

KENKYUSHA
〈検印省略〉

英語授業の心・技・体
えい ご じゅぎょう　しん　ぎ　たい

2009 年 6 月 30 日　初版発行
2016 年 3 月 18 日　6 刷発行

著　者　　靜　　哲　人
　　　　しずか　てつひと
発行者　　関　戸　雅　男
発行所　　株式会社　研　究　社
　　　　〒102-8152 東京都千代田区富士見 2-11-3
　　　　電話　03 (3288) 7711（編集）
　　　　　　　03 (3288) 7777（営業）
　　　　振替　00150-9-26710
印刷所　　研究社印刷株式会社

表紙デザイン：小島良雄　　　JASRAC 出 0905801-901
© Tetsuhito Shizuka, 2009　　　Printed in Japan
　　　ISBN978-4-327-41070-4　C3082